ALÉM DA MATÉRIA

ROBSON PINHEIRO

1ª edição [maio de 2003] 10 reimpressões | 23.500 exemplares
2ª edição revista [outubro de 2011] 5.000 exemplares
12ª reimpressão [março de 2012] 2.000 exemplares
13ª reimpressão [outubro de 2012] 2.000 exemplares
14ª reimpressão [maio de 2013] 2.000 exemplares
15ª reimpressão [fevereiro de 2014] 2.000 exemplares
16ª reimpressão [setembro de 2014] 2.000 exemplares
17ª reimpressão [setembro de 2015] 2.000 exemplares
18ª reimpressão [outubro de 2016] 2.000 exemplares
19ª reimpressão [agosto de 2020] 2.500 exemplares

CASA DOS ESPÍRITOS EDITORA
Rua dos Aimorés, 3018, sala 904 | Barro Preto
Belo Horizonte | MG | 30140-073 | Brasil
Tel.: +55 (31) 3304-8300
editora@casadosespiritos.com.br
www.casadosespiritos.com.br

Edição, preparação e notas
LEONARDO MÖLLER

Capa, projeto gráfico e editoração
ANDREI POLESSI

Foto do autor
DOUGLAS MOREIRA

Revisão e notas
LAURA MARTINS

Impressão e acabamento
PlenaPrint

Nesta obra, respeitou-se o Acordo Ortográfico da Língua Portuguesa (1990), ratificado em 2008.

ALÉM DA MATÉRIA

ROBSON PINHEIRO

UMA PONTE ENTRE CIÊNCIA e ESPIRITUALIDADE

pelo espírito
JOSEPH GLEBER

casadosespíritos

FSC

A Casa dos Espíritos acredita na importância da edição ecologicamente consciente. Por isso mesmo, só utiliza papéis certificados pela Forest Stewardship Council® para impressão de suas obras. Essa certificação é a garantia de origem de uma matéria-prima florestal proveniente de manejo social, ambiental e economicamente adequado, resultando num papel produzido a partir de fontes responsáveis.

Dados Internacionais de Catalogação na Publicação (CIP)
(Câmara Brasileira do Livro, São Paulo, SP, Brasil)

Gleber, Joseph (Espírito).
Além da matéria: uma ponte entre ciência e espiritualidade / pelo espírito Joseph Gleber; [psicografado por] Robson Pinheiro. – 10ª ed. rev. – Contagem, MG: Casa dos Espíritos, 2011.

Bibliografia.
ISBN 978-85-99818-13-8

1. Cura pelo espírito e Espiritismo 2. Espiritismo 3. Holismo 4. Medicina holística 5. Psicografia I. Pinheiro, Robson. II. Título.

11-06656 CDD-133.93

Índices para catálogo sistemático:
1. Saúde e medicina: Mensagens mediúnicas psicografadas: Espiritismo 133.93

Não se faz ciência espírita concordando sempre com os espíritos.
É preciso desenvolver o espírito de análise, de pesquisa.
É necessário romper as barreiras do convencionalismo
e apresentar-se ao mundo como um cientista da alma.
Construir instrumentos científicos para as pesquisas de verdades
e fatos imateriais não é fácil. Mas também não é impossível.

Joseph Gleber
[espírito]

Sumário

PREÂMBULO
Experiências extrafísicas com o espírito Joseph Gleber
por Robson Pinheiro, **xiii**

PREFÁCIO
Uma palavra do espírito Joseph Gleber, **xxiii**

INTRODUÇÃO
A eterna busca pela felicidade, **xxvii**

Capítulo 1
A visão científica, social e política da humanidade.
O método cartesiano e a visão quântica, **31**

Capítulo 2
Matéria e espírito, **39**

Capítulo 3
Saúde, enfermidade e autoamor, **45**

Capítulo 4
Polaridade, **53**

Capítulo 5
Consciência, **65**

Capítulo 6
O estudo da mente, **69**

Capítulo 7
Os sete níveis e subníveis da consciência, **77**

Capítulo 8
Dimensão física, o corpo físico, **83**

Capítulo 9
Dimensão etérica, o corpo etérico, **89**

Capítulo 10
Dimensão astral, o corpo espiritual, **95**
10.1 Corpo astral e centro das emoções, **98**
10.2 Anatomia do psicossoma, **101**
10.3 Características da fisiologia do psicossoma, **102**

Capítulo 11
Cordão de prata, **105**
11.1 O cordão de prata e os fenômenos de ectoplasmia, **113**

Capítulo 12
Corpo mental, **115**
12.1 Corpo mental inferior, **120**
12.2 Corpo mental superior, a dimensão espiritual, **121**

Capítulo 13
O cordão de ouro,
ligação intercorporal psicossoma-mente, **125**

Capítulo 14
Outros corpos superiores, **129**
14.1 Corpo búdico, o corpo cósmico, **129**
14.2 Corpo átmico, **130**

Capítulo 15
O pensamento e as contaminações fluídicas, **133**
15.1 Contaminações fluídicas, **139**
15.2 A vida mental e a força da palavra, **142**
15.3 Campo quântico, **146**

Capítulo 16
Elementais artificiais e naturais, **151**
16.1 Elementais naturais, **154**
16.2 Outros elementos do plano astral, **157**

Capítulo 17
Os chacras, vórtices de energia, **163**
17.1 Chacra coronário, o centro da consciência, **169**
17.2 Chacra frontal, o centro da visão interior, **175**
17.3 Chacra laríngeo, o centro de comunicação, **179**
17.4 Chacra cardíaco, o centro dos sentimentos, **181**
17.5 Chacra umbilical, o plexo solar e centro das emoções, **187**
17.6 Chacra esplênico, o centro da vitalidade, **189**
17.7 Chacra básico, o centro da energia da vida, **192**

Capítulo 18
Mediunidade e mediunismo, **197**
18.1 Tratamentos e curas espirituais, **203**

ENTREVISTA
com o espírito Joseph Gleber, **209**

REFERÊNCIAS BIBLIOGRÁFICAS, **238**

Preâmbulo

EXPERIÊNCIAS EXTRAFÍSICAS COM O ESPÍRITO JOSEPH GLEBER

por Robson Pinheiro

Os capítulos a seguir, eu os dedico àqueles que queiram aprofundar observações além dos limites da matéria. As experiências aqui descritas, eu as submeto à análise de estudiosos e pesquisadores legítimos, porém recuso qualquer observação advinda de curiosos sem conhecimento da ciência espírita, daqueles que apenas queiram discutir, discordar por discordar, sem embasamento sólido.

Durante a psicografia deste livro tive várias oportunidades de ser desdobrado para além dos limites do mundo físico através da ação do pensamento do amigo Joseph Gleber. Inicialmente o mentor me orientou a ficar à disposição das forças do bem como instrumento de trabalho, como aprendiz.

Notei a presença de Joseph Gleber tal como ele sempre se apresentou à minha visão espiritual: olhos e cabelos claros, alto e magro e com uma aura dourada envolvendo-lhe suavemente a personalidade. É claro que sei que, para outros médiuns ou sensitivos, ele talvez se apresente de forma diferente daquela como se apresenta para mim. Não tenho a pretensão de ser o dono do espírito ou de que ele se manifeste somente através de mim. Não é isso. Faço aqui minhas observações com o intuito de ilustrar o que ele tem escrito através de minhas faculdades mediúnicas e também a fim de que possam, de alguma forma, contribuir para o entendimento dos temas aqui relacionados por Joseph.

Senti-me suspenso sobre o corpo físico após alguns minutos de reflexão e preces. O espírito Joseph Gleber estava ao meu lado, e o vi como se em tudo fosse semelhante a um encarnado. Vestia-se sobriamente e apresentava-se a mim dando a impressão de que era um encarnado, tal a realidade e perfeição de detalhes que eu podia observar naquele momento. Joseph convidou-me a um passeio, uma excursão, de maneira que eu pudesse observar melhor certos fatos e compreender a realidade daquilo que ele escrevia através de minha mediunidade. Ele me esclarecia:

— Você observará algumas coisas que, de certa forma, não constam nos livros que traduzem o pensamento ortodoxo de meus irmãos espíritas. Quero que fique muito atento e relate cada detalhe a meus irmãos. Não intento ir contra nenhum pensamento estabelecido, porém é preciso não ficar restrito aos acanhados relatos que costumam preencher os livros que fazem sucesso no momento. Precisamos muito mais de cientistas do espírito e pesquisadores sérios do que de médiuns em busca de ibope e projeção.

Joseph Gleber sabia ser convincente. Ele irradiava tamanha força moral que dificilmente eu conseguiria esboçar qualquer negativa diante do convite do elevado mentor. Eu o segui confiante. Simplesmente.

Vi-me suspenso entre duas realidades. Durante vários anos tive oportunidade de desdobrar-me de forma lúcida, porém somente agora observava os detalhes, as minúcias da realidade extrafísica. Seria fruto da influência do espírito que me auxiliava?

Com a concentração do pensamento pairei ao lado do corpo físico. Senti Joseph Gleber tocar-me exatamente no chacra frontal. Minha visão imediatamente ampliou-se, e pude ver dentro do meu corpo físico, que repousava sobre o leito. Foi algo muito emocionante... Ensaiei algumas lágrimas, tamanho o sentimento que me invadiu naquele instante.

Eu via cada detalhe do corpo que repousava. Nas veias, o sangue circulava à semelhança de fios de luz que foram animados de vida própria. No cérebro, pude observar centenas de pontos luminosos, que pareciam envolvidos por uma luminosidade diferente de tudo o que observara até então. Assemelhava-se a uma cidade que acendia suas luzes à noite. Senti-me agradecido a Deus pelo meu corpo. Talvez fosse aquela a primeira vez que realmente me sentia agradecido por um equipamento tão valioso quanto representava o corpo físico para mim. Joseph aproximou-se mais do meu corpo adormecido e aplicou passes longitudinais vigorosos, silenciosamente. A operação demorou alguns minutos.

Não tive coragem de interromper o mentor para perguntar qualquer coisa. Vi apenas que algo acontecia dentro e fora do corpo. Uma espécie de massa esbranquiçada, quase cinzenta, era expelida pelos poros. Parecia alguma substância sendo expulsa do corpo por influência do espírito que magnetizava. Aos poucos foi se formando uma duplicata do meu corpo físico, uma cópia, sem os detalhes da boca, olhos, nariz ou qualquer detalhe que caracteriza o corpo físico humano. Era um corpo diferente, de certa forma vaporoso; emitia uma luminosidade que se assemelhava ao gás neônio. Uma aura também esbranquiçada o envolvia completamente. Meu coração estava acelerado diante do que ocorria. Joseph me explicou:

— Este é o duplo etérico, o corpo vital, que detém a cota de energia responsável pela manutenção da saúde física. Observe bem — disse o espírito.

Notei que em alguns lugares do duplo havia muitos redemoinhos, como se alguns minúsculos furacões estivessem em ação em sua superfície. Eram os chacras, as rodas de energia que movimentavam recursos do plano etérico. Fiquei elétrico, superemocionado e muitíssimo interessado no fenômeno que presenciava. O olhar de Joseph fez com que me acalmasse imediatamente. Só assim pude observar melhor o que ocorria. O espírito aproximou-se do corpo físico e impôs agora seus braços sobre a cabeça, concentrando-se. Suas mãos iluminaram-se e vi um jato de luz a se transferir para o corpo. Senti um choque. O espírito amigo abriu os olhos, fitou-me por alguns instantes e disse-me:

— Esta é uma transferência magnética comum no dia a dia da casa espírita. Quero que observe agora o que ocorre quando reiniciar a operação. Verá como se processam as trocas energéticas de elevado teor vibratório.

Tornou então a impor as mãos sobre o cérebro físico do meu corpo adormecido. Eu agora presenciava o fenômeno em câmera lenta. Um fluxo de energia luminosa era transferido das mãos do espírito. Observei que a região correspondente ao coração do companheiro espiritual se iluminava de forma a quase esconder todo o seu corpo espiritual. Toda essa luz, essa energia amorosa era transferida para o corpo físico. Chorei. Não pude conter a emoção.

Algo diferente acontecia. Todo o corpo foi se iluminando, como se fosse uma cidade que acendesse suas lâmpadas bairro a bairro; aumentava a luminosidade própria do corpo. Agora eu via a união da luz espiritual ou da energia do espírito à energia irradiada pelo próprio corpo físico. Ainda em câmera lenta, observei como o corpo todo era saturado dessa carga energética e vi como um ponto pequenino se sobressaía no cérebro físico. Dele partiam fios prateados que se enfeixavam num único fio mais brilhante, porém ainda algo embaçado, que ligava o cérebro físico à cabeça do duplo projetado, que também se iluminava naquele momento. A substância ectoplásmica do duplo etérico aumentava, pulsava e iluminava-se, tal como uma lâmpada fluorescente. Do duplo, o fio prateado que eu observara ligava-se diretamente a mim, espírito-psicossoma projetado de forma lúcida para fora do corpo. Isso é tudo o que posso descrever com meu vocabulário limitado. Joseph veio em meu auxílio:

— Essa operação de transferência magnética que você presencia é algo corriqueiro entre nós, desencarnados, e nossos médiuns. Amamos os médiuns que trabalham conosco em regime de parceria e, por isso mesmo, não os deixamos sozinhos em suas necessidades. Observe mais atentamente o fio de prata.

Olhei e vi que o cordão prateado enraizava-se no cérebro físico através da glândula pineal. Parecia originar-se ainda mais profundamente, misturando-se ou confundindo-se com as ramificações do sistema nervoso. À medida que o espírito amigo persistia na transferência magnética, todo o *quantum* energético era transmitido pelo cordão de prata para mim (espírito), que estava desdobrado, atuando como observador e aprendiz.

— Toda vez que o espírito está afastado do corpo físico — falou Joseph — o cordão de prata forma um veículo transmissor de poderosas correntes magnéticas, tanto da dimensão extrafísica para o corpo físico, quanto do corpo para o psicossoma desdobrado em outras dimensões. O fio prateado é o transformador e condutor dessas energias revigorantes, sedativas ou calmantes, que podem ser projetadas até mesmo a longas distâncias para o socorro do sensitivo. Observe bem o que ocorre, para que você tenha uma noção mais precisa do que escreveremos a respeito.

Após as lições relativas ao duplo etérico, corpo físico e cordão de prata, Joseph me convidou a segui-lo numa excursão pelo plano extrafísico. Olhou para mim e tocou-me de leve no ombro direito. Pediu-me para conectar-me com sua mente. Quando abri os olhos já estava volitando ao seu lado, rumo a planos mais altos.

— É preciso cuidar bem dos pensamentos por onde transitaremos agora. Lembre-se do que escrevi a respeito do controle mental — recomendou o amigo espiritual.

Perguntei a razão de tanto cuidado com os pensamentos. Tornou ele:

— Não se esqueça de que você está transitando num ambiente cuja matéria básica é o fluido cósmico, tão falado no meio espírita. Tudo aqui é criação mental. Você ainda não traz o pensamento organizado e disciplinado suficientemente para formações mentais mais ou menos permanentes. É preciso muito treino e disciplina para se conseguir algo de real valor.

Conduzindo-me a um veículo estruturado em matéria astral, Joseph captou meu pensamento.

— Então do lado de cá também tem tecnologia... — pensava.

— Exatamente! — respondeu o amigo. — Em média, os avanços tecnológicos dos planos superiores estão aproximadamente 500 anos à frente dos avanços científicos da Crosta. Nos subplanos astrais e planos inferiores estão cerca de 50 anos adiante dos encarnados na busca e na descoberta de tecnologia extrafísica. Já que tudo que há na Terra é uma cópia imperfeita do que ocorre do lado de cá da vida,[1] você pode imaginar o que os desencarnados podem fazer com o pensamento direcionado e a vontade firme. E essa habilidade não depende apenas da moral. Os seres sombrios também têm sua tecnologia. Desenvolvem amplos laboratórios nas regiões que visitaremos. Nesses laboratórios, naturalmente, não rea-

[1] "A vida espiritual é a vida normal do Espírito: é eterna; a vida corporal é transitória e passageira: não é mais do que um instante na eternidade" (KARDEC, Allan. *Obras póstumas*. 1ª ed. esp. Rio de Janeiro: FEB, 2005, p. 47). Cf. "Mundo normal primitivo". In: KARDEC. *O livro dos espíritos*. 1ª ed. esp. Rio de Janeiro: FEB, 2005, p. 112-113, itens 84-87.

lizam experiências que visam auxiliar o próximo. São desenvolvidas tecnologias avançadíssimas, que têm por objetivo proporcionar ou sustentar processos obsessivos classificados como obsessões complexas. Aparelhos são produzidos e comandados à distância por experientes cientistas das trevas.

— As reuniões de desobsessão realizadas nos centros espíritas são capazes de desfazer todo o mal perpetrado por esses obsessores? — perguntei, interessado.

— O mal, como tudo o mais, progrediu em suas formas de atuação. É preciso que os meus irmãos espíritas também se conscientizem disso e atualizem a metodologia de tratamento desobsessivo. Há uma estagnação no meio espírita, por medo de nublar a propalada *pureza doutrinária*. Assim, muita gente se cristalizou nos métodos espíritas tradicionais e se fechou para novas realizações. Enquanto isso, as trevas se especializam cada vez mais...

Demandamos regiões onde Joseph Gleber me ensinaria algo mais a respeito da ciência espiritual. Durante várias noites o amigo espiritual me auxiliou, retirando-me do corpo físico, a fim de acompanhá-lo nas excursões pelo plano astral. Assisti a inúmeras aulas ministradas por ele. Ao término, comunicou-me que escreveria, através de mim, outro livro. Para mim, o livro *Além da matéria* é o complemento do anterior, *Medicina da alma*.[2]

Quando o amigo espiritual escreveu através de minhas faculdades o *Medicina*, disse-me que não encontrou recursos em meu psiquismo para desenvolver os temas

[2] PINHEIRO, Robson. Pelo espírito Joseph Gleber. *Medicina da alma*. 2ª ed. 17ª reimpr. Contagem: Casa dos Espíritos, 2011.

conforme gostaria. Agora, no entanto, o mentor retorna à escrita, dando continuidade à tarefa começada há anos.

Além da matéria não traz nada de especial. Fala de verdades da ciência espiritual em uma linguagem atualizada e mais adequada a nossa necessidade como aprendizes.

Prefácio
UMA PALAVRA DO ESPÍRITO JOSEPH GLEBER

Permita-me apresentar-me.
Sou um espírito, uma consciência extrafísica; enfim, sou um ser humano que, como você, está em busca da verdade. Sou humano, mas estou numa existência muito além do corpo, para além do cérebro, e vibro numa dimensão que se localiza muito além da matéria.

Este livro não é a expressão da verdade, é apenas um roteiro para quem se atreve a buscar pela verdade. Como autor espiritual, sou franco o suficiente para admitir que não sou portador de todo o conhecimento.

Portanto, meu irmão, permita-se discordar do autor destas modestas observações; permita-se questionar; como pesquisador da ciência espiritual, atreva-se a esboçar o seu pensamento, formular suas ideias e opiniões e arriscar-se a ser um livre-pensador. Não pretendo trazer verdades prontas, nem intento fazer doutrinação. No contexto em que vibra o meu ser não há espaço ou dimensão para coerção intelectual ou espiritual.

Trago aqui registrados os resultados de meus estudos como um ser humano destituído das condições limitadoras da matéria e venho convidar os meus irmãos a prosseguirem comigo em busca da verdade, da ciência e da vida.

Não se acanhe diante dos meus pensamentos. Arrisque, critique, refute, debata, investigue e compreenda por você mesmo os diversos ângulos da ciência espiritual. Utilize a máxima racionalidade a fim de atingir a sensibilidade extrema. O melhor para meus irmãos será aquilo que escrevo sem palavras; será captar o meu pensamento por trás da forma verbal, dos vocábulos e da gramática.

Caso meus irmãos se sintam motivados, em espírito, estarei ao seu lado auxiliando na busca, aprendendo com meus irmãos e avançando rumo às ideias cada vez mais claras.

Espero, portanto, a compreensão de meus irmãos para o fato de que não escrevo diretamente. Preciso me utilizar de um sensitivo, um paranormal e médium, para me fazer compreendido. Contudo, o instrumento não é de todo eficaz, já que tenho de me envolver consciencialmente com o meio, as correntes de pensamentos que circundam o ambiente psíquico e me fazer sentir apenas pelas ideias.

Aconselho os meus irmãos a irem mais fundo nos raciocínios e penetrarem intensamente no âmago dos meus pensamentos extraindo a ideia, o conteúdo e a informação que vibra muito além das palavras.

Não se faz ciência com anuência autoprogramada. Não se faz ciência espírita concordando sempre com os espíritos. É preciso desenvolver o espírito de análise, de pesquisa. É necessário romper as barreiras do convencionalismo e apresentar-se ao mundo como um cientista da alma. Construir instrumentos científicos para as pesquisas de verdades e fatos imateriais não é fácil. Mas também não é impossível. Meus irmãos têm à disposição o pensamento, a razão, a intuição e a sensibilidade.

Este, talvez, seja o primeiro passo, mas não se detenha. Prossiga e verá quão compensatória é a busca e quão generosa é a vida para aqueles que procuram libertar-se da visão castradora, dogmática e partidarista e alçar seu voo para muito além da matéria.

Joseph Gleber
[espírito]

Introdução
A ETERNA BUSCA PELA FELICIDADE

Hodiernamente o mundo assiste à decadência e à falácia de muitas verdades relativas, que ao longo do tempo têm servido de base para a ciência humana.

A utopia criada por certas doutrinas, que falam da felicidade baseada no materialismo e da realidade da matéria, desmorona ante a revelação da existência da energia, mostrando-se insustentável. Aqueles que seguem esse modelo antigo mostram-se ultrapassados, permanecendo prisioneiros de si mesmos. Revelam-se rebeldes, desajustados no íntimo e carentes de definições e posturas mais de acordo com a realidade cósmica do ser.

Decepcionados quanto à possibilidade de alcançar a felicidade baseando-se nas manifestações da sexualidade, os homens encontram-se acuados. Não basta mais a pílula, que libera certos impulsos sexuais. Não satisfazem mais à realidade do homem as informações e os impulsos que a literatura ou a imprensa despertam, com o erotismo ou a sensualidade. A angústia humana permanece.

A proposta dos Imortais é resgatar a espiritualidade em todas as áreas do conhecimento humano; é superar as barreiras das percepções e mostrar a realidade da vida além da matéria; é demonstrar que a energia e o espírito são realidades e que o homem só é feliz à medida que empreende a grande viagem interior.

O roteiro mais seguro para a realização íntima é e sempre será aquele apresentado pelo divino médico de nossas almas: Jesus. Os que esperam novas revelações desde já estarão decepcionados. Este livro não traz nada de novo, e nem mesmo nós, os espíritos, estamos à cata de novidades ou modismos, tão a gosto de alguns, mas que logo passam, diante da evolução natural. Trazemos os mesmos conceitos e ensinamentos do mestre galileu, apenas revestidos da roupagem do vocabulário do século atual.

Ninguém superou Jesus. Nada superou o conhecimento e os métodos espíritas, que, pela sua simplicidade, continuam desafiando o conhecimento dos sábios do mundo e de muitos daqueles que se dizem apologistas da verdade espiritual.

Eis aqui as nossas palavras, na esperança de que produzam em meus irmãos a reflexão benéfica que antecede a renovação interior.

Capítulo 1

A visão científica, social e política da humanidade

O MÉTODO CARTESIANO E A VISÃO QUÂNTICA

Desde o século *XVII* as disciplinas científicas — ou aquelas que buscavam ser reconhecidas como tais — procuravam estabelecer o seu prestígio imitando o paradigma mecanicista newtoniano. Diante da repercussão dos métodos da ciência de Newton, que procurava ver o mundo de uma forma empírica, conforme a proposta do modelo de física cartesiana, os cientistas procuravam explicar todas as ocorrências do universo e o próprio cosmos utilizando métodos que fossem capazes de controlar e prever mecanicamente qualquer fenômeno e evento do universo. De forma obsessiva, os homens de ciência adotaram uma pseudossabedoria, que mais tarde se refletiria em outros ramos do conhecimento humano.

Os modelos criados a partir de então para explicar o comportamento social e econômico dos povos passaram a refletir o método cartesiano[1] próprio da física newtoniana. Com uma análise puramente materialista e objetiva, os teóricos das ciências políticas, da sociologia e da economia, que representam a área das ciências sociais, não conseguiram resultados representativos, pois que sempre evitaram em seus gráficos e coordenadas as noções dos valores humanos, dos ideais nobilitantes, e não acordaram para o sentido espiritual em que todos se acham inseridos como indivíduos e como povos.

Esse modelo mecanicista, adotado pelos cientistas sociais para explicar o funcionamento da máquina dos governos humanos e as reações dos povos em seu movimento evolutivo, acabou se mostrando deficiente e ilusório, criando uma visão utópica da situação do mundo. Tais métodos de análise dos fenômenos da civilização são inadequados por não levar em conta os valores que determinam os comportamentos dos seres e das coletividades; não avaliam as influências extrafísicas ou espirituais, as causas psicológicas mais profundas e a realidade transpessoal, que determinam a ascensão e a queda das civilizações planetárias.

[1] A certeza cartesiana é matemática. Descartes (1596-1650) acreditava, assim como Galileu (1564-1642) e Newton (1643-1727), que a chave para a compreensão do universo era sua estrutura matemática. O método do filósofo francês consistia, pois, em subdividir qualquer problema em seus níveis mínimos, separando assim "as peças que constituem o relógio". Ao reduzir cada coisa e tudo a seus componentes fundamentais, acreditava poder perceber as relações do particular com o todo e, de maneira mais clara, apreender o real. É um método analítico e reducionista. Tomado como dogma filosófico que forjou o paradigma científico

A situação política e econômica dos povos da Terra pertence a uma realidade muito mais ampla e complexa do que aquela que pode ser compreendida pelo método cartesiano, atualmente utilizado pelos cientistas sociais.

A sociedade apresenta-se à visão espiritual como um sistema vivo,[2] ecológico e como um organismo composto de indivíduos que marcham pelo mundo impulsionados pelo livre-arbítrio e pelas forças ocultas da natureza. Tais elementos, improváveis de serem catalogados e analisados pelos métodos científicos da Terra, são fatores importantes, que pesam na economia e na história dos povos terrestres.

Toda evolução da sociedade é determinada pelas mudanças de seus sistemas de valores, o que implica a mudança de sua visão e percepção do mundo. Toda queda e toda ascensão de qualquer povo ocorrem com base nos paradigmas típicos de sua época, nas suas concepções e compreensão do mundo. As sociedades humanas são guiadas nas vias de sua evolução mediante os valores acumulados durante a sua história.

É impossível prever a marcha ascensional dos povos

a partir do século XVII, esse pensamento exerce sua influência até os dias atuais. No passado, levou à atitude generalizada de reducionismo em ciência, impondo-se como único método válido.

[2] Segundo a hipótese Gaia, proposta pelo químico James Lovelock, pela bióloga grega Elisabet Sahtouris e comentada por Leonardo Boff e diversos outros autores, a Terra é um superorganismo vivo. A teoria propõe, entre outros pontos, que somente um ser vivo poderia apresentar calibragens tão refinadas em seus elementos físico-químicos e auto-organizacionais.

ou a situação econômica mundial sem levar em conta a importância dos valores desenvolvidos nas experiências milenares.

O bem-estar da humanidade de maneira alguma está vinculado ao consumo ou ao fator quantitativo expresso nos gráficos e nas análises de laboratório. A crise atual dos sistemas de governo deverá ser superada com a substituição da visão antiga, cartesiana, materialista, por uma visão ecológica, holística e integral, o que trará uma nova dimensão científica, compatível com a etapa mais ampla em que adentram as disciplinas sociais.

Modificar a situação social, política e econômica do mundo significa modificar os valores e a visão do próprio mundo. Eis que aí encontramos inserida a proposta social e econômica dos ideais do Evangelho, pregados por Jesus. Nesses ideais vividos e exemplificados pelo Cristo, verificamos uma profunda visão do fator social, um equilíbrio da economia e o princípio de uma política econômica e social, ao nos apresentar a proposta de repartir o pão para multiplicar os resultados de forma qualitativa. No mínimo, a proposta cristã, tal qual nos apresentam Jesus e o pensamento espírita, é uma proposta renovadora e inovadora. Representa uma nova visão social, com resultados que poderão ser estudados e verificados ao longo do tempo.

A nova visão social da história do mundo leva em conta o componente espiritual e a interação espírito-matéria. Podemos nos aventurar a dizer que essa política divina tem elementos da física quântica, mais moderna que as teorias mecanicistas da física newtoniana, com seus métodos cartesianos.

Na visão quântica, quando o elétron deixa a sua posição no mundo das partículas e passa à dimensão classificada como não existencial, ou não perceptível, observa-se sua participação em duas realidades. O elétron passa a ter uma existência interdimensional. Participa de mundos diferentes, que se inter-relacionam, formando os campos e ultracampos.

Nessa visão mais moderna e atual do paradigma científico, observamos também a evolução da visão social e política do mundo. Para se avaliar a trajetória da humanidade, as alterações do comportamento do organismo social e as flutuações da política e economia dos povos, há que considerar os fatores espirituais e os valores desenvolvidos pelo ser ao longo de sua trajetória evolutiva. Tais valores e fatores de natureza não física representam a realidade quântica ou o salto quântico; são campos formados pelo comportamento social em sua oscilação entre o mundo dos fenômenos materiais[3] e o mundo imponderável do espírito, das causas causais, dos valores transpessoais e de sua realidade, que não poderá ser ignorada, sob pena de se perder de vista a marcha evolutiva a que se entrega a humanidade do planeta Terra.

Apresentamos essa nova visão, mais integral, do paradigma científico atual, que, de certa forma, está mais

[3] Como se vê, o espírito se refere aos fenômenos materiais em contraposição aos espirituais. Convém observar que os fenômenos materiais não são apenas aqueles observados na natureza, como furacões, terremotos e outros mais. Representam, por exemplo, na acepção do autor espiritual, os abalos sociais e econômicos e suas consequências sobre a população, as epidemias e suas consequências, entre outros aspectos.

de acordo com a visão espiritual do mundo, como alternativa para que o homem moderno não se cristalize em suas observações. A visão holística[4] e integral do ser, a ampliação da visão do mundo são pré-requisitos para a respeitabilidade da ciência no próximo milênio.

Em linhas gerais, a utopia criada pela visão cartesiana do universo é responsável pelos insucessos da ciência e pelas guerras desencadeadas ao longo da história moderna, exigindo a urgência de uma revisão dos valores, da mudança de paradigmas. É preciso participar de dimensões diferentes, estudar o comportamento do indivíduo como se estuda o comportamento das partículas eletrônicas, adotando a conceituação evangélica e seus ideais como forma de transição para uma fase mais ampla de maturação psíquica, biológica e social da humanidade.

[4] O termo grego *holos* significa *total, completo, inteiro. Holístico* é um adjetivo que se refere ao conjunto, ao todo, em suas relações com a parte; à inteireza do mundo e dos seres. A visão holística traduz uma perspectiva na qual o todo e cada uma de suas partes estão estreitamente ligados.

Capítulo 2

Matéria e espírito

A matéria e o espírito sempre foram objeto de discussões e controvérsias. A matéria ou o mundo material oferece ao homem elementos quase infinitos de investigação. No mundo de matéria densa, o intelecto encontra meios de se desenvolver, através do estudo das leis físicas, que coordenam toda a fenomenologia do plano físico. O mundo material, porém, é apenas o reflexo de outra realidade. Podemos dizer que ele é a condensação do mundo energético.

Quando se está prisioneiro do escafandro de carne, o peso da matéria densa exerce influência poderosa sobre o ser. Depressa essa influência se fortalece, de acordo com o envolvimento do homem nas questões sociais, à medida que ele mergulha nos complexos problemas do cotidiano.

Tanta é a influência da matéria que o homem esquece que é um ser de natureza espiritual, transcendente. Nasce, move-se e alimenta-se em meio a uma multidão de fenômenos próprios do mundo físico e, embora as demonstrações da vida que se desdobra além da matéria, o homem teima em continuar com os olhos vendados.

Por toda parte enxameiam os fenômenos do mundo extrafísico. A própria ciência humana já progrediu de tal forma que passou a estudar também as vibrações que estão além das faixas perceptíveis à visão material. O mundo do imponderável desdobra-se diante dos instrumentos da moderna tecnologia. Desafiando a visão estreita dos materialistas, vemos cada vez mais o bisturi da ciência aprofundar-se nas entranhas da vida, com a investigação da fenomenologia psíquica, paranormal e energética.

As provas cada vez mais perceptíveis às investigações humanas se multiplicam em toda parte. É a vitória do espírito. Os modernos estudos da psicologia abrem novas portas para a realidade transcendente do ser. O ser humano, pela nova visão, perde a característica de massa puramente material ou de um agregado de células físicas, ressurgindo, nas pesquisas modernas, como um ser complexo, de princípio espiritual.

Em um extraordinário amálgama interativo das mais importantes pesquisas científicas do século, impõe-se o espiritismo[1] com um caráter impressionante de expan-

[1] Em suas observações, Allan Kardec apresentou o espiritismo como eminentemente progressista (cf. KARDEC. *Obras póstumas*. Op. cit. p. 391, 439 passim). Sua visão pode ser considerada extremamente atual, uma vez que, com a elegância que lhe era peculiar, já falava da importância de se formarem livres-pensadores. O espiritismo é apresentado como uma nova etapa do conhecimento e da iniciação espiritual da humanidade, pois vulgariza os ensinamentos dos templos e ordens místicas, traduzindo-os para a linguagem ocidental contemporânea (cf. "Regeneração da humanidade". In: KARDEC. Ibidem, p. 388-396).

são do pensamento. Pioneiro de uma ciência espiritual, dedica-se ao conhecimento da vida extrafísica, à pesquisa do ser, de uma forma integral, abrindo novos e largos horizontes ao pensamento contemporâneo.

Em seus estudos e postulados, elaborados pela visão moderna e ainda não superada de Allan Kardec, como intérprete das consciências sublimes, o espiritismo amplia a visão da vida orgânica, que se desdobra além e antes do corpo físico. Oferece a mais valiosa contribuição para o estudo dos fenômenos anímicos e espirituais. A doutrina espírita apresenta a sua visão do homem eterno, na mais vasta e profunda sistematização dos fenômenos de ordem extrafísica, inerente muitas vezes à constituição psíquica do homem. Os estudos espíritas apontam uma nova visão, científica, da alma humana.

Revelando a existência de campos de energia que compõem o corpo espiritual, antecipa-se à própria ciência, quando apresenta a realidade de outra dimensão da vida. Ao falar do perispírito,[2] também conhecido como psicossoma ou corpo astral,[3] apresenta com extraordinária sensibilidade a realidade holística, pois o perispírito contém elementos imponderáveis, responsáveis pelo inter-relacionamento dos seres em diversas estâncias do universo.

[2] Cf. "Perispírito". In: KARDEC. *O livro dos espíritos*. Op. cit. p. 115-116, itens 93-95.

[3] O autor espiritual faz uma referência ao corpo espiritual e suas diversas denominações. Ele o faz de forma didática, para facilitar a compreensão dos leitores, sem se preocupar em utilizar uma linguagem estritamente ortodoxa. Mais adiante, nesta mesma obra, Joseph Gleber trata do assunto mais detalhadamente.

A matéria perde a sua importância máxima e integra-se ao mundo invisível, transformada, agora, em fluidos mais ou menos sutilizados. A energia confunde-se com outras vibrações do universo, e a vida espiritual alimenta tudo e todos. Um sopro renovador invade os laboratórios de pesquisas da ciência humana, preparando o homem para assumir o seu papel na criação. É o nascimento de uma nova era, a era da nova consciência.

O espírito vence as últimas barreiras da matéria, e a energia vibra entre os fenômenos e manifestações da vida material.

Mesmo diante das modernas descobertas científicas, das pesquisas e dos avanços da psicologia moderna, o homem não consegue se sentir plenamente feliz. Os seus valores espirituais se apresentam em crise, e a sociedade, que é o corpo da civilização, encontra-se desestruturada.

Desde que nasce para a vida, no momento da concepção, em que é lançado fora do ninho materno, onde encontrou abrigo pelo período de nove meses, o homem enfrenta desafios que só com o tempo poderá aprender a superar. Com esse tempo, que passa veloz na sucessão das experiências terrestres, o homem receia desestruturar-se. Tem à sua frente a insensibilidade da vida contemporânea, em que a tecnologia assume papel cada vez mais preponderante; sente-se reduzido a simples espectador de ideias e conceitos concebidos em laboratórios, por um seleto grupo de indivíduos. O ser humano comum é obrigado a adaptar-se constantemente, em face do grande volume de mudanças, bem como da enorme velocidade com que se apresentam.

Com o jogo de reações ante os fatores sociomesológicos e a complexidade da vida atribulada, o homem encontra ainda outras razões, provenientes do seu passado espiritual, que na presente existência respondem também pela atribulação e infelicidade. É preciso transcender a matéria e os intricados problemas da vida material. Tudo no mundo físico é impermanente.[4]

A mensagem espírita é para a renovação do homem interior. É um apelo à transcendência do ser, a fim de que o homem supere os limites da matéria e se eleve às culminâncias da espiritualidade, vivendo intimamente o amor pleno.

[4] Este conceito, adotado pelas diversas escolas do pensamento espiritualista ainda hoje, é compartilhado pela ciência. Diante da nova visão holística, a ciência descobre que a matéria é o resultado da coagulação da luz ou energia coagulada, e a energia é matéria em estado de expansão. Nada permanece estático no mundo. Há constante renovação e transformação na natureza. (Nota do autor espiritual.)

Capítulo 3

Saúde, enfermidade e autoamor

As enfermidades são o resultado da desarmonia entre o espírito e o corpo, a vida e a forma.

A consciência encerra toda a expressão de vida em sua própria intimidade. É o espírito imortal. Quando essa consciência assume o campo da forma através da reencarnação, passa a expressar-se no mundo fenomênico com uma parcela de sua lucidez espiritual.[1] O homem encarnado não traz em si, nessa interação espírito-corpo, toda a manifestação de sua consciência. A expressão máxima da vida e da lucidez espiritual encontra-se no espírito.

Semelhante verdade é de grande importância para

[1] Segundo certas pesquisas, o homem utiliza apenas uma pequena porcentagem de sua capacidade mental. Considerando-se o ser espiritual, compreende-se que somente uma parcela de todo o seu potencial se faz perceptível para a consciência encarnada, já que o corpo físico — e, portanto, o cérebro — amortece as impressões que o espírito envia ao corpo. O organismo físico funciona como um transformador vivo que diminui lembranças e a frequência vibratória do ser.

que se compreendam as relações de equilíbrio e desequilíbrio, harmonia e desarmonia ou, em outras palavras, de saúde e enfermidade.

Entre o campo consciencial e o corpo físico existe um mundo de energias, cuja existência está demonstrada tanto na revelação espírita como nas modernas descobertas da ciência terrena. Nesse campo energético, também representado pelo duplo etérico e pelo psicossoma, originam-se, muitas vezes, os conflitos que geram as enfermidades.

A doença é, por isso mesmo, efeito do acúmulo ou do desgaste de energias que atinge os corpos superiores. É preciso desenvolver certos sentidos espirituais a fim de compreender a linguagem do corpo.[2] Cada manifestação de enfermidade traz uma mensagem com endereço certo e com a linguagem necessária para o aprendizado do homem.

Sendo a doença o resultado de um conflito no campo energético ou emocional, ela pode ser vista como um processo de evolução ou de expurgo dos fluidos densos. Tais fluidos ou energias poderão, através da doença, libe-

[2] O corpo é um espelho altamente revelador do inconsciente. Ele mostra *flashes* da personalidade, expõe crenças, valores, preconceitos, forças e fragilidades do caráter. As mensagens que emitimos por meio do nosso corpo constroem aquilo que temos de mais verdadeiro e substancial. A linguagem corporal, quando bem utilizada, ajuda a dizer o indizível, a dar forma a um sentimento e a concretizar as imagens das emoções mais verdadeiras. Quando nos expressamos, utilizamos, além da palavra, o jogo fisionômico, a postura cênica, a flexibilidade dos músculos, os movimentos de braços, pernas e quadris.

rar o organismo espiritual da carga tóxica que o oprime.

Como fator evolutivo, a enfermidade que desarmoniza o homem transforma-se em objeto de despertamento da consciência para a solução de conflitos íntimos. Uma vez solucionado o conflito com a reeducação dos impulsos da alma, a enfermidade perde a sua razão de ser. Com o cessar do desequilíbrio íntimo, a energia mórbida[3] que impregna o psicossoma é redirecionada e paulatinamente deixa de fluir; assim, é restabelecido o equilíbrio interior.

É dessa forma que a postura evangélica do amor resolve por completo os bloqueios energéticos da alma em trânsito evolutivo.

As posturas equivocadas, as emoções descontroladas podem emergir do passado espiritual em forma de conflitos psicológicos ou enfermidades físicas, mas, uma vez que o homem se reeduca de acordo com as leis da vida, no desenvolvimento do autoamor, tais energias em desequilíbrio encontram novamente a harmonia.

A fonte dos males ou das desarmonias que são conhecidas como enfermidades pode ser encontrada em qualquer dos corpos de manifestação da consciência. Quando a desarmonia nasce no campo emocional, mais

[3] Joseph Gleber se refere aos fluidos mais densos que impregnam o duplo etérico e o perispírito, causando um aumento de vibração de natureza doentia. Ordinariamente, esse fluido mórbido apresenta-se como uma fuligem que adere às células do corpo espiritual e extravasa para o corpo físico em forma de enfermidade. Quando o homem adoece, em geral isso ocorre como resultado do descenso vibratório desse fluido, que é somatizado, ocasião em que escoa para o corpo o resíduo de cargas tóxicas aderidas ao perispírito.

facilmente se transfere para o corpo denso através dos chacras[4], que automaticamente distribuem o fluido mórbido nos locais mais sensíveis do corpo somático.

Quando é o corpo mental que está desorganizado, as enfermidades se manifestam no campo psicológico ou no mental, exigindo também grandes dispêndios de energia, a fim de reequilibrar o indivíduo.

Como o homem terreno tem seus campos etérico e psicossomático mais desenvolvidos que os corpos superiores, é natural que as enfermidades que atualmente assolam a humanidade encontrem sua gênese exatamente no perispírito ou psicossoma.

As emoções e os desejos contidos de modo irrefletido e desordenado dão origem a profundas angústias; os desequilíbrios emocionais e as paixões desenfreadas, muitas vezes reprimidos apenas pelas imposições sociais, deixam marcas profundas nas células sutis do corpo espiritual. Isso requer longo tempo no trabalho de reajuste. Normalmente, nesses casos, os chacras inferiores e os plexos correspondentes encontram-se desajustados pelo acúmulo de energia ou fluido mórbido. Essa vibração desarmônica transfere-se para o corpo somático em forma de enfermidade.

A integração entre espírito-perispírito e corpo físico é tão grande e se manifesta em tal intensidade que o siste-

[4] A palavra *chacra* significa *roda*. A principal função do chacra é absorver e distribuir o prana ou energia vital para o corpo etérico e, através deste, para o corpo físico. Atuam como transmissores e transformadores de energia, que é distribuída por canais etéricos — as *nadis* — que correm paralelos ao sistema nervoso.

ma nervoso responde de forma automática aos impulsos advindos do espírito.

As energias e emoções vividas pelo espírito encarnado influem profundamente nas funções vegetativas, atingindo o sistema simpático e parassimpático com a densidade característica desses focos de desarmonia. O acúmulo de energia densa pode gerar distúrbios e toda forma de enfermidades inflamatórias, envolvendo o órgão afetado com uma carga de fluido denso e uma aura densa e sem brilho, que é absorvida pelo órgão, causando a enfermidade local.

A falta de energia que ativa a vitalidade pode ser o resultado de um bloqueio que impede a circulação do fluido vital, deixando o órgão correspondente atrofiado ou sem o campo energético que o mantém ativo. Observa-se então certo enfraquecimento do órgão, com um embaçamento da aura ou campo energético que o circunda.

Isso tudo nos leva a reavaliar certos conceitos modernos a respeito da saúde e das enfermidades.

O organismo físico apenas reflete o estado dos outros campos de manifestação da consciência espiritual. O estado psicológico está sempre em relação com o estado físico, interagindo com este de forma perfeita e gerando situações que podem ser classificadas de saúde ou doença.

Quando o indivíduo é hiperativo, utilizando-se em demasia do fluido vital, provoca um desequilíbrio externo, que, com o tempo, se transfere para outras pessoas que o rodeiam, contaminando aqueles que entram em contato com ele. É o excesso de energia que o ser não sabe direcionar. Tal excesso se manifesta na hiperatividade, na sexualidade desregrada, nas agitações íntimas que se alastram como vírus.

Por outro lado, quando o indivíduo passa a dirigir suas energias exclusivamente para o seu íntimo, não consegue adaptar-se à realidade em que se situa, gerando traumas e fugas, que são outras causas de enfermidades do corpo e da alma.

Tais focos de desarmonia[5] requerem um ponto de equilíbrio, que a terapia evangélica aconselha acontecer através da reeducação. Reeducar-se é procurar o ponto de equilíbrio entre a matéria e o espírito. Nunca a reeducação significa fuga ou excesso. Sempre o Evangelho nos aconselha o método do amor ágape e do autoamor.

[5] Esses focos de desarmonia poderão ser identificados como emoções desequilibradas, excesso de energia que produz irritabilidade, nervosismo e hiperatividade sexual. Também podem ser identificados como estados alterados de permanente alheamento da vida social, introspecção, tristeza, melancolia, depressão etc.

Capítulo 4

Polaridade

Tudo no universo caminha para a unidade. Contudo, nesse processo de caminhada o mundo ainda vivencia e vibra na polaridade. Há sombra e luz, preto e branco, bem e mal, feminino e masculino, positivo e negativo.

Ao observar os aspectos da polaridade do mundo, os antigos chineses desenvolveram em sua ciência a teoria do *Tao:* o *yin* e o *yang*. Embora os milênios que nos separam das primeiras observações e conclusões a respeito da polaridade do mundo, não podemos ignorar que a questão energética está associada a esses aspectos duais do ser. *Yin* e *yang*[1] não são apenas conceitos de medicina chinesa. Positivo e negativo são classificações adotadas pela ciência para identificar duas polaridades das correntes elétricas. Feminino e masculino classificam a polari-

[1] De acordo com a filosofia tradicional chinesa, *yin* e *yang* são os dois princípios cósmicos primários do universo. *Yin* é o principio passivo, feminino. *Yang* é o principio ativo, masculino. A interação dessas duas forças produzem a energia vital e expressam o princípio criador do universo, chamado pelos chineses de *Tao*.

dade da sexualidade humana.

Portanto, é muito proveitoso compreender esses aspectos da vida a fim de que possamos obter uma visão mais clara de muitas coisas, dos comportamentos e das atitudes do ser humano.

O espírito vivencia suas experiências durante as várias reencarnações e absorve elementos vibratórios, adquirindo hábitos que marcam profundamente o seu psiquismo. Tais conteúdos passam a ser classificados como positivos ou negativos, obedecendo a certas particularidades daquilo que se denomina polaridade.

É importante compreender que os fatores positivos e negativos não estão necessariamente associados aos conceitos de moralidade e, por isso, nada têm a ver com o bem ou o mal realizado pelo indivíduo. Uma experiência poderá ser classificada de negativa sem, por isso, representar uma coisa ruim, ou vice-versa.

O conteúdo energético ou o fator emocional é que é negativo, feminino, *yin*, sem ser identificado com o mal. Negativo é sinônimo de passividade, ou associa-se ao elemento *yin*. Portanto, são fatores negativos o sentimento, a emoção, a experiência de meditação ou a sensibilidade extrema.

Fatores positivos, masculinos, *yang*, podem ser identificados na razão, na irritabilidade, na capacidade de tomar decisões, na clareza mental ou nas relações comerciais. Conteúdos negativos ou positivos são apenas referência para identificação de agentes associados aos aspectos da consciência. Caso os meus irmãos já tenham superado os limites do dogmatismo religioso ou da ortodoxia, poderão adotar simplesmente o vocabulário da medicina chinesa, evitando, assim, desperdício de tempo ou palavras. Positivo e negativo ou feminino e masculino poderão ser descritos apenas como *yin* e *yang*.

Os núcleos ou potências espirituais da mônada são aqui identificados, de forma didática, em quatro aspectos: núcleo espiritual (*psi*), núcleo ou potência de sensibilidade (força anímica), força vital e força mental. Tais núcleos poderão ser classificados dentro dos aspectos de polaridade, positivos ou negativos:

- Núcleo *psi* — feminino (*yin*)
- Núcleo ou força vital — masculino (*yang*)
- Núcleo ou força anímica — feminino (*yin*)
- Núcleo ou força intelectiva, mental — masculino (*yang*)

De acordo com a combinação dessas faculdades, o tipo de experiência vivenciada no mundo será estabelecido. Assim, um espírito que traga em si maior combinação de fatores negativos haverá de se apresentar com sensibilidade muito maior do que aquele em cujo espírito haja maior soma de fatores positivos, masculinos. A apresentação do indivíduo no cotidiano, ao realizar o seu papel nas experiências da vida, nada tem a ver com o seu aspecto físico ou com a sua morfologia.[2] Sempre a morfologia estará subordinada às questões íntimas, psicológicas ou aos conteúdos do energismo do espírito.

Quando há semelhança entre a morfologia e o con-

[2] A palavra *morfologia* refere-se ao ramo da biologia que lida com a forma e estrutura dos organismos. Ao dizer que a morfologia está subordinada aos fatores psicológicos e espirituais, o autor apresenta a ideia

teúdo psicológico, diz-se frequentemente que há equilíbrio do indivíduo; ao contrário, quando o conteúdo psicológico difere da morfologia, diz-se que há desequilíbrio. Essas classificações simplistas podem constituir recursos de pessoas ignorantes de certas leis do mundo espiritual e energético, a fim de defender posturas rígidas e já ultrapassadas. Se a semelhança entre a morfologia humana e o conteúdo psicológico fosse sinônimo de seres equilibrados, não observaríamos, por exemplo, os diversos comportamentos irracionais, anti-humanitários e grosseiros de pessoas consideradas heterossexuais. Tais pessoas têm o corpo, a morfologia condizente com o seu conteúdo psicológico, e mesmo assim apresentam índole passível de reequilíbrio.

Com nossas considerações não estamos defendendo posturas íntimas deste ou daquele grupo, mas, sim, nos esforçando para que meus irmãos compreendam que os fatores externos, visíveis, físicos e próprios da morfologia do ser humano estão subordinados aos fatores internos, psíquicos ou conteúdos psicológicos. Portanto, não é a semelhança ou a divergência entre a forma do soma e o psiquismo que define o equilíbrio da criatura, tampouco sua elevação moral.

Bem e mal, certo e errado estão e poderão ser associados muito mais aos elementos internos do que aos fatores puramente físicos, sexuais ou morfológicos.

de que a função física e sexual do homem é o reflexo do seu psiquismo. Portanto, a sexualidade ou a aparência e funcionalidade do corpo físico são fatores apenas complementares, e não decisivos na avaliação espiritual do ser e em sua postura e interação com a sociedade.

A seguir, listam-se aspectos femininos, *yin*, passivos ou de polaridade negativa.

- SENSO ESTÉTICO
- SENSO ARTÍSTICO
- SENSIBILIDADE MEDIÚNICA
- MATERNIDADE
- AMOR
- SENTIMENTALISMO
- EMOCIONALISMO
- FEMINILIDADE
- PASSIVIDADE EMOCIONAL E COMPORTAMENTAL
- SUBMISSÃO
- APATIA
- DESÂNIMO
- PULSAÇÃO FRACA
- RITMO LENTO
- BAIXA PRESSÃO ARTERIAL (HIPOTENSÃO ARTERIAL)
- HIPOGLICEMIA
- DEPRESSÃO
- EXPERIÊNCIAS MÍSTICAS E RELIGIOSAS
- PRÁTICAS MEDITATIVAS

Abaixo, apresentam-se aspectos e tipos de pessoa que podem ser associados ao fator masculino, *yang*, ativo e de polaridade positiva:

- MASCULINIDADE
- AGITAÇÃO
- DECISÃO
- INSUBMISSÃO

- IRRITABILIDADE
- SINCERIDADE OU FRANQUEZA
- RAZÃO
- ALTA PRESSÃO ARTERIAL (HIPERTENSÃO ARTERIAL)
- TAQUICARDIA
- ATLETISMO
- FISICULTURISMO
- RACIOCÍNIO LÓGICO, CLARO, RÁPIDO
- INQUIETUDE
- HIPERATIVIDADE MENTAL, FÍSICA, SEXUAL E SOCIAL
- PESSOAS ATIVAS E INQUIETAS
- PESSOAS EMPREENDEDORAS
- MÉDIUNS DE CURA
- ECTOPLASTAS (DOADORES DE ECTOPLASMA)

As características enumeradas são apenas uma parcela dos conteúdos energéticos classificados como feminino e masculino. Tais características do indivíduo são adquiridas e forjadas durante os milênios de peregrinação nos diversos planos da vida, quando a mônada,[3] o princípio inteligente e, mais tarde, o espírito experienciam seus atributos em contato com o mundo.

No reino mineral, o psiquismo dormita, aprendendo

[3] A palavra *mônada* deriva do vocábulo grego *monás* e significa "só", "solitário", "unidade". Foi usada primeiro na Grécia antiga, por Pitágoras (c. 570 a.C.–c. 495 a.C.), e mais tarde pelo filósofo alemão Leibnitz (1646–1716). No ocultismo, é um centro de consciência, uma centelha imortal da Chama Divina, de cujas qualidades participa. A palavra é utilizada nos escritos espíritas para representar o ser simples e ignorante, a entidade espiritual ou o princípio espiritual individualizado.

silenciosamente o fluxo e refluxo de energias, nas trocas químicas a que está exposto. No mundo vegetal, suas sensações são incentivadas, de maneira que conheça já os fatores masculinos, *yang*, e os femininos, *yin*. No reino animal, o princípio inteligente, espiritual, aprende a agir, a sentir e a experimentar lapsos de pensamentos, produzindo uma vida mental fragmentária.

Contudo, é no reino hominal, ao adquirir a luz da razão, que o ser vai se definindo como ativo ou passivo psicologicamente, positivo ou negativo, feminino ou masculino. Durante a sua caminhada na experiência humana, os conteúdos energéticos, característicos de suas experiências passadas, entram em ebulição. Movimentam-se e vêm à tona na vida física, de acordo com a necessidade de vivenciar certas situações na oficina da vida. Já numa mesma existência o ser oscila entre os fatores positivo e negativo, feminino e masculino. Sua morfologia às vezes difere do psiquismo; não obstante, a vida social o convida a tirar dessa experiência o maior proveito possível. Outras vezes, quando necessário, morfologia e psiquismo se associam, facultando ao ser imortal vivências nas quais poderá crescer ou estacionar, de acordo com o uso que fizer de sua condição íntima.

O espírito não está subordinado ao corpo. Acima e além da roupagem física com a qual se apresenta ao mundo, o psiquismo extravasa e comanda todos os implementos orgânicos.

Eis alguns exemplos de personalidades que reencarnaram no mundo com características femininas, personalidades *yin*, passivas:

- Maria de Nazaré
- João Evangelista[4]
- Francisco de Assis,[5] na fase mística de sua vida
- Francisco Cândido Xavier[6]

A seguir, seres de alma com característica energética *yang*, masculina, ativa:

- Moisés[7]
- Pedro, o apóstolo[8]
- Paulo de Tarso[9]
- Martinho Lutero[10]
- Allan Kardec[11]
- Gandhi[12]
- Teresa de Calcutá[13]

[4] Mais jovem entre os apóstolos, a ele é atribuída a autoria de cinco livros neotestamentários (c. 10 d.C.–c. 103 d.C.).

[5] Frade italiano (c. 1182–1226).

[6] Médium mineiro, célebre autor de mais de 400 livros psicografados (Brasil, 1910–2002).

[7] Profeta hebraico, o grande legislador judeu (1391 a.C.–1271 a.C., segundo cálculos judaicos; c. 1592 a.C.–c. 1472 a.C., de acordo com estimativas cristãs).

[8] Apóstolo galileu morto em Roma (séc. I a.C.–c. 67 d.C.).

[9] Grande autor das epístolas do Novo Testamento (presumivelmente, 5 d. C.–67 d.C.).

[10] Sacerdote alemão e reformador protestante (1483–1546).

[11] Codificador do espiritismo (França, 1804–1869).

[12] Líder da independência na Índia (1869–1948).

[13] Missionária católica albanesa (1910–1997).

- Helena Blavatsky[14]
- Ana Néri[15]
- Yvonne do Amaral Pereira[16]

Muitos desses seres que brindaram a Terra com sua presença e sua mensagem traziam características peculiares, muitas vezes masculinas e outras femininas, nem sempre boas ou más, mas foi assim que aprendemos a amá-los, admirá-los e respeitá-los, independentemente da classificação de suas energias ou de seu comportamento. Estes, com certeza, mereciam maiores cuidados e elaborações, como ocorre com todos nós que estamos ligados ao sistema evolutivo da Terra.

Nosso esforço tem o objetivo de nortear o pensamento de meus irmãos, a fim de despertar para o fato de que tudo na vida é expressão do espírito imortal. A matéria é apenas acessório,[17] e o corpo físico, matéria organizada, é um instrumento utilizado pelo psiquismo em sua trajetória multimilenar rumo ao chamado reino angélico, onde haverá a síntese da polaridade e a união definitiva de todas as características. O ser não será mais feminino ou

[14] Teósofa russa (1831-1891).

[15] Baiana pioneira na enfermagem brasileira (1814–1880).

[16] Médium fluminense, expoente do espiritismo (1900–1984).

[17] Esta afirmativa do autor espiritual visa estabelecer a ascendência do espírito sobre a matéria, e não anular o valor da matéria e do mundo material. Como *acessório*, compreende-se que o ser consciente utiliza-se do elemento material para realizar e realizar-se no mundo, alcançando uma condição em que a espiritualidade ultrapassa a influência puramente material.

masculino, mas feminino e masculino. Haverá, portanto, maior compreensão do passado do homem, quando foram e estão sendo necessárias experiências polarizadas.

Acima de tudo, pairam os atributos do espírito, muito além da morfologia do corpo.

Capítulo 5

Consciência

O homem é um ser multidimensional e muito representativo na escala da evolução da consciência. Entretanto, o homem não é o ser. Ele é a manifestação do ser na esfera ou dimensão física.

O substrato do princípio espiritual, o princípio de consciência primordial a que chamamos *espírito* é o fundamento de toda manifestação inteligente e consciente na criação. O espírito é mais que energia e, ainda que fosse energia, esta não existe sem um fundamento irredutível, um substrato. O espírito precisa de veículos de manifestação ou corpos para se relacionar no mundo entre as diversas dimensões em que atua. A consciência ou o Si não se confunde com seus veículos de manifestação.

O ser humano poderá ser classificado, em sua essência, segundo três aspectos conscienciais específicos, embora o espírito em si manifeste-se em número maior de dimensões ou corpos. O *subego*[1] constitui a parte mais

[1] Ao fazer uma comparação com certos postulados demonstrados por pesquisadores da mente, o autor espiritual não defende necessariamen-

íntima, obscura e primitiva do ser. Também conhecido como *id*, ele é autônomo, hipoconsciente e mantém uma ligação perceptível e direta com o duplo etérico. O *ego* representa a parte sociável e emocional, mantendo uma relação mais íntima com a consciência, cuja sede está no corpo mental. É a sede da personalidade. O *superego* relaciona-se diretamente com a consciência pura, o corpo mental superior, e está associado com todas as manifestações que fazem o ser se distinguir do animal. Mantém o sentido ético do ser pensante.

O último foco do ser, no entanto, a fonte mesma da consciência, é não material, não cerebral, independente, e jamais poderá ser comparada às emoções, aos instintos, à mente ou à própria vida do ser humano encarnado. O ser essencial não nasce, não morre e não se destrói jamais. Depois de criado ou individualizado pela mente sábia do Todo-Poderoso, é dotado de poder de autoanimação e autoexistência. Entretanto, para se relacionar com a vida e o universo em suas várias dimensões, reveste-se necessariamente de corpos compatíveis com essas diferentes dimensões ou planos existenciais, mesmo porque é aí que deve vivenciar fases de aprendizado e trabalho. Desse modo, o ser humano — em sua constituição simultânea como corpo físico, duplo etérico, psicossoma e corpo mental, além dos outros corpos superiores — não é a consciência em si, que está além da forma e da energia e além de suas próprias faculdades intelectivas, emocionais e sentimentais.

te esses conceitos, mas utiliza um método comparativo para tornar seu pensamento mais compreensível.

A forma pela qual a consciência foi elaborada nos é desconhecida, uma vez que os seres criados já se distanciaram evolutivamente do estado primitivo em que foram formados, não guardando a memória exata de sua criação. Sabemos, no entanto, que a consciência ou espírito puro está além de todos os seus corpos transitórios de manifestação. No estágio evolutivo em que o ser humano se encontra, não é possível conceber o ser consciente puro, a não ser envolvido em seu corpo mental, o que de certa forma torna possível visualizá-lo e concebê-lo dentro dos limites da ciência atual.

Os demais corpos, chamados superiores, poderão até ser concebidos, porém dificilmente entendidos de forma tão completa e intensa quanto o corpo mental. Essa, a razão pela qual falaremos mais propriamente dos corpos mentais inferior e superior, através do qual o ser ou ego se manifesta, além dos já conhecidos psicossoma e duplo etérico.

Capítulo 6

O estudo da mente

As filosofias orientais, principalmente a filosofia hindu, costumam trazer preciosos ensinamentos a respeito da mente e de sua atuação sob a coordenação do espírito. Contudo, tais ensinos milenares encontram-se saturados de símbolos e alegorias dedicados aos complicados processos iniciáticos. Naturalmente que apreciamos as riquezas dos detalhes e os esforços desses tratados do psiquismo humano. Mas ao espiritismo compete realizar algo diferente na grande universidade do espírito. A missão da filosofia que nasce com Allan Kardec é dinamizar a evolução humana; por isso mesmo, não poderá se deter em linguagens complicadas, aforismos e terminologias desconexas com a época atual. Sem a complexidade iniciática dos tratados orientais sobre a mente humana, o pensamento espírita é claro e deve ser acessível a todos.

A mente humana, tanto quanto seus poderes latentes, deve ocupar os estudos de meus irmãos, uma vez que é através dela que a mente divina se manifesta na criação por intermédio de seus filhos, os espíritos imortais. O espírito, o eu superior ou consciência plena aciona pelo pensamento os intricados mecanismos da mente, atuando no psicossoma e no duplo etérico ou no corpo físico, conforme a modulação das ondas mentais geradas na intimidade.

Sob essa ótica, a mente é a base sobre a qual o espírito manifesta seu intelecto e promove no mundo as modificações necessárias ao progresso. Pela mente, o ser plasma sua própria atmosfera e seus sentimentos, imprimindo em si mesmo a máscara do egoísmo, do pessimismo e do terror, ou então, expressando-se pelo otimismo, nos planos mais sutis. Sua atitude mental é fator determinante na própria evolução e na do mundo. Pela mente, o espírito exprime-se com o pensamento através de ondas e raios, corpúsculos mentais ou imagens; o corpo astral ou emocional, equivalente, na terminologia espírita, ao perispírito, sente e deseja, enquanto o corpo físico atua e executa no mundo das formas.

O universo é uma produção ou projeção holográfica da mente divina, que tudo coordena. Portanto, nada pode ser concebido fora da mente de Deus. Essa nossa observação leva à seguinte consequência: nós, os seres criados e emancipados da mente universal, herdamos os atributos da consciência cósmica. Tal herança manifesta-se em dimensões finitas e com possibilidades de expansão ainda ignoradas pela maioria das criaturas.

Os fenômenos incomuns observados em torno dos grandes mestres do mentalismo são apenas um pálido reflexo da mente universal. Esse caudal de experiências aguarda-nos nos milênios do porvir, para que aprendamos a utilizá-lo corretamente. O poder mental é colocado à disposição dos seres pensantes a fim de que se desenvolva e de que promova a melhoria do mundo.

A saúde[1] do homem é o resultado da ação da mente sobre os milhares e milhões de seres microscópicos que nascem, crescem, convivem e morrem diariamente na intimidade de seu corpo físico. Somente o poder mental é capaz de acionar as defesas imunológicas, promover o equilíbrio do mundo orgânico e coordenar os milhões de vírus, bactérias e outras formas de vida que se aglomeram no corpo humano. A mente é a usina diretora que transmite as ordens do espírito e dirige a comunidade orgânica, produzindo células, substituindo tecidos e revitalizando ou recuperando sangue, ossos e membros. É, ainda, o poder mental o responsável pelas transformações do metabolismo humano, transferindo para o corpo físico todos os comandos provenientes do espírito. Dessa forma, podemos compreender a importância do estudo da mente para a harmonia do homem e seu crescimento espiritual.

Pelo estudo da mente, pode-se compreender melhor como as pessoas pessimistas, deprimidas ou sem o devido controle das emoções podem favorecer a proliferação dos vírus e bactérias e das inúmeras enfermidades do corpo e da alma. Tudo isso guarda estreita relação com as fontes do pensamento que se expressa na mente.

[1] Há avanços substanciais no estudo da ação da mente e das emoções sobre a saúde. A psiconeuroimunologia, a medicina psicossomática e a psicologia transpessoal podem ser consideradas como avanços notáveis da área científica, explicando como o comportamento, as emoções e os pensamentos atuam de forma decisiva e intensa nas manifestações de saúde ou enfermidade.

A ação mental e sua força plasmadora, a matéria mental e astral são tão reais quanto o poder das energias elétrica e atômica. Sob o influxo da mente devidamente treinada, os fluidos dispersos se aglutinam, tomam forma e consistência e criam uma espécie elemental, em cuja intimidade se concentra a força que o gerou. A essa criação mental, elemental, os ocultistas do passado deram o nome de *egrégora*.

Disperso pelo espaço e atravessando as fronteiras das dimensões, existe um elemento sutilíssimo, imponderável, plástico, eterno, a que os espíritos denominam *fluido universal*.[2] Essa substância primitiva, produto direto da criação divina, é a matéria virgem sob a qual atua a mente, modelando em torno de si seus projetos e criações, seja consciente ou inconscientemente. O elemento sutil da matéria cósmica reflete integralmente a condição da mente e a qualidade do pensamento expresso e irradiado pelo espírito. Na produção e irradiação de pensamentos elevados, a matéria primordial volatiliza-se, eteriza-se e modifica seu estado energético ou seu campo de atuação quântica. Por outro lado, quando a mente viciada age irradiando ondas e raios perturbadores ou de natureza animalizada, o fluido cósmico transforma-se produzindo resíduos, uma espécie de fuligem que adere aos corpos energéticos, principalmente ao perispírito e ao duplo etérico.

Tanto para aqueles que estão acostumados com a dinâmica da mente, quanto para os seres extracorpóreos, tais egrégoras ou criações mentais são tão reais quanto são reais para meus irmãos as construções do plano

[2] Cf. KARDEC. *O livro dos espíritos*. Op. cit. p. 83, item 27 passim.

físico. Eis por que os companheiros que experimentam o contato com as inteligências do mundo extrafísico[3] devem procurar harmonizar os pensamentos, evitando divergências profundas entre os participantes de suas reuniões. Como a mente é a base das trocas magnéticas e das comunicações entre as dimensões da vida, há necessidade de compreender seus mecanismos de funcionamento. É preciso criar um foco mental homogêneo a fim de que as criações mentais sejam de ordem superior e atendam aos objetivos espirituais.

Assim como o espírito se expressa no mundo através da mente, também podemos nos aventurar a dizer que os mundos — e, no presente caso, a Terra — têm, de modo análogo, sua mente coletiva. É claro que estamos falando de maneira alegórica, a fim de que compreendamos que a associação das mentes humanas forma uma atmosfera mental ou correntes mentais[4] que circundam a aura do planeta.

Quando o elemento mental do planeta ou de outros mundos se satura com as emanações de paixões aviltantes, dos vícios, dos crimes hediondos e dos desequi-

[3] Como *extrafísico* entende-se todo o panorama que se desdobra além do mundo material. Isto é, os planos etérico, astral e mental são variações do mundo extrafísico.

[4] Entre outros autores, Pietro Ubaldi discorre sobre as correntes de pensamento de modo singular. Tal realidade explica muitos fenômenos que ocorrem com diversos paranormais e médiuns, como, por exemplo, a captação de mensagens — também conhecida como *channeling* —, os *insights*, as intuições etc. (UBALDI, P. *As noúres*: técnica e recepção das correntes de pensamento. 4ª ed. Rio de Janeiro: Fundapu, 1988.)

líbrios dos homens, a Providência Divina promove o saneamento da mente coletiva e planetária, eliminando os focos de consciências desequilibradas, transferindo-as para outras regiões do espaço, compatíveis com o *quantum* energético de suas ondas mentais.

Ocorre também, através da viciação das ondas mentais, a criação de elementos vivos[5] que se assemelham aos vírus e às comunidades bacterianas. Tais criações se transformam em repasto vivo para malfeitores do mundo astral. Ainda nesse processo de intercâmbio doentio, é a mente o elemento de contato entre o homem e o espírito malfeitor. A mente é a grande modeladora de todas as formas, nas diversas dimensões em que se manifesta a vida no universo.

A título de ilustração, citam-se ambientes cuja egrégora, ou elemental coletivo, é em geral altamente destrutiva e pestilencial:

- boates;
- bares;
- ambientes com música estridente e inquietante;
- prostíbulos;
- saunas com concentração de energia erótica;

[5] É comum na literatura espírita, principalmente nos livros do espírito André Luiz (através da mediunidade de Francisco Cândido Xavier, alguns dos quais em coautoria com Waldo Vieira, ed. FEB), a descrição de elementos vivos do plano astral — em geral denominado *umbral*. Tais seres são, em sua maioria, a materialização de pensamentos desordenados de espíritos e de seres encarnados.

• reuniões políticas, sociais ou mesmo religiosas nas quais se manifestam o desrespeito e a indisciplina, utilizam-se palavrões e há trocas energéticas de sensualidade, permissividade e libertinagem.

De outro lado, seguem-se exemplos onde a egrégora, ou elemental coletivo, é elevada e salutar.

• reuniões onde se expressa respeito ao ser humano;

• reuniões sociais, religiosas e familiares que se distinguem pela alegria, pelo otimismo, descontração, jovialidade e respeito;

• ambientes religiosos em que se busca o cultivo da espiritualidade em sua expressão mais fiel e genuína.

Capítulo 7

Os sete níveis e subníveis da consciência

De acordo com os estudos de diversas escolas do pensamento, o homem é um ser de aspecto setenário, ou seja, sua constituição hiperfísica se manifesta através de sete dimensões ou sete princípios. Contudo, somente após o advento da física quântica é que foi possível ao homem ocidental compreender certas definições das escolas espiritualistas.

Para melhor entendimento de meus irmãos, tentaremos esclarecer algo com relação às recentes descobertas científicas da humanidade. Não temos a pretensão de dar uma aula de física; contudo, procuraremos fazer luz sobre a constituição setenária e multidimensional do ser.

De acordo com os estudos da ciência, a física atômica e a física nuclear foram as precursoras da teoria quântica. Enquanto a física atômica estuda e teoriza os fenômenos relacionados com o átomo, a física nuclear penetra na sua intimidade e transforma o núcleo atômico em seu objeto de estudos. Com as descobertas de Albert Einstein[1] — mais particularmente com as teorias da relatividade geral e especial —, a ciência não encontra mais o elemento puramente físico para sua interpretação e estudo. O universo passa a ser energético.[2]

É algo evidente para a ciência acadêmica contemporânea que alguns fenômenos permaneciam inexplicados pela física clássica, newtoniana, devido a alguns aspectos da estrutura da matéria. Por exemplo: em alguns momentos a luz se expressa como onda, em outros, como partícula; a mesma matéria ora se apresenta como ener-

[1] No ano de 1905, ao publicar sua teoria especial da relatividade — mais tarde ampliada na teoria geral da relatividade —, Einstein (1879-1955) promoveu uma ruptura conceitual revolucionária. A nova realidade apresentada por ele postulava um universo curvo, inserido num *continuum* espaço-temporal, bastante distinta dos conceitos mais elementares da física clássica, newtoniana, como, por exemplo, o espaço euclidiano rígido, independente de um tempo universalmente linear, e a matéria como algo inerte, constituída de minúsculas partículas indestrutíveis, os átomos. O impacto da ruptura provocada pelas teorias ensteinianas estendeu-se por diversos campos e influenciou de modo determinante a elaboração científica a partir do século XX, desde a química à filosofia da ciência contemporânea.

[2] "O mecanicismo, com todas as suas implicações, retirou-se do esquema da ciência. O universo mecânico, no qual os objetos se empurram, como jogadores numa partida de futebol, revelou-se tão ilusório quanto o antigo universo animista, no qual deuses e deusas empurravam os objetos à sua volta para satisfazer seus caprichos e extravagâncias" (JEANS, James. *The New Background of Science*. Ann Arbor: University of Michigan Press, 1959, p. 46. Apud LESHAN, Lawrence. *O médium, o místico e o físico*. São Paulo: Summus, 1994, p. 86).

gia, ora como matéria densa. Surge a teoria da natureza ondulatória da luz, a qual explica a propagação dos raios-X, enquanto a teoria corpuscular da luz elucida certos fenômenos de efeito fotoelétrico.

No final do século XIX, Max Planck[3] revoluciona a física enunciando a teoria dos *quanta*. Explica o eminente missionário da ciência que os *quanta* são "pacotes de energia" associados às radiações eletromagnéticas. As emissões energéticas são realizadas de forma descontínua, em forma de pulsos de energia. Após o enunciado de Planck, Albert Einstein dá o golpe final no pensamento mecanicista e positivista e apresenta uma teoria que encontra identidade com a ótica espiritualista.[4]

A visão da física contemporânea, que aborda a existência de diferentes níveis energéticos, abre nova janela à compreensão da existência dos corpos espirituais — que podem ser denominados, com propriedade, de dimensões espirituais. Os níveis de consciência ou corpos energéti-

[3] Tido como autor da teoria quântica (1900), o físico alemão Max Planck (1858-1947) foi Prêmio Nobel de física em 1918. (Cf. http://en.wikipedia.org/wiki/Quantum_mechanics. Acessado em 4/10/2011.)

[4] "A mais revolucionária descoberta da ciência foi a demonstração experimental do pilar central da teoria da relatividade: as partículas materiais podem ser criadas a partir da pura energia e voltar a ser pura energia. As teorias de campo transcenderam definitivamente a distinção clássica entre as partículas e o vácuo. Segundo Einstein, as partículas representam condensações de um campo contínuo presente em todo o espaço. Por isso, o universo pode ser encarado como *uma teia infinita de eventos correlacionados*." (GUIMARÃES, Carlos A. Fragoso. João Pessoa: Persona, 1996. Grifo nosso.)

cos foram se formando ao longo dos milênios à medida que o ser necessitava manifestar suas potencialidades.

Sem nos determos nos aspectos místicos ou esotéricos da concepção setenária do ser humano, respeitando profundamente as opiniões tanto contra quanto a favor,[5] faremos uma abordagem puramente didática. Pretendemos com isso facilitar a compreensão de meus irmãos quanto à atuação da mente e do espírito nas diversas camadas dimensionais, conforme a abertura que as recentes pesquisas da física nos proporcionam, mais precisamente quando estudam o comportamento do elétron no interior dos átomos.

[5] Eis uma questão controversa, a da interpretação que se pode dar ao elemento que o codificador do espiritismo chamou de *perispírito*. Seguramente, as definições apresentadas ao longo da obra kardequiana permitem entendê-lo como um só corpo, uma estrutura única; nesse caso, equivaleria ao clássico corpo espiritual: "Esse envoltório, denominado perispírito, faz de um ser abstrato, do Espírito, um ser concreto, definido, apreensível pelo pensamento. Torna-o apto a atuar sobre a matéria tangível (...). O fluido perispirítico constitui, pois, o traço de união entre o Espírito e a matéria" (KARDEC. *A gênese, os milagres e as predições segundo o espiritismo*. 1ª ed. esp. Rio de Janeiro: FEB, 2005, p. 272, cap. 11, item 17). Entretanto, é corrente a visão de que a expressão sintetiza, na verdade, um conjunto de corpos ou veículos de manifestação da consciência. Faz sentido imaginar que, numa doutrina nascente, elaborem-se conhecimentos simplificados ou preliminares, condensando particulari-

dades sob um único nome, para detalhamento posterior. Não há palavra em Kardec que impeça tal leitura; pelo contrário. No trecho a seguir, há clara menção do agente vital, cuja existência é confirmada pelos espíritos ao responderem ao Codificador: "A vitalidade é atributo permanente do agente vital, ou se desenvolve tão só pelo funcionamento dos órgãos? 'Ela não se desenvolve senão com o corpo. Não dissemos que esse agente sem a matéria não é a vida? A união dos dois é necessária para produzir a vida.' a) Poder-se-á dizer que a vitalidade se acha em estado latente, quando o *agente vital não está unido ao corpo [físico]*? 'Sim, é isso.' (KARDEC. *O livro dos espíritos*. Op. cit. p. 103, item 67. Grifo nosso). Ora, se o agente vital pode dissociar-se do veículo físico, será essa uma referência ao corpo etérico, reservatório de vitalidade amplamente aceito entre os espíritas após a obra do espírito André Luiz?

Capítulo 8

Dimensão física

O CORPO FÍSICO

Definição: corpo humano ou corpo animal; filo *cordados*, classe *mamíferos*, ordem *primatas*, família *hominídeos*, gênero *Homo*, espécie *Homo sapiens*.
Sinonímia: concha física, corpo carnal, corpo exterior, corpo mortal, invólucro carnal, escafandro físico, corpo tridimensional, corpo somático, forma orgânica, organismo psicofísico, soma, veículo celular, hábitat físico, entre outros.

O corpo físico representa uma ponte viva aberta para a natureza material do mundo. Formado por mais de 60 trilhões de células, é equipado com mecanismos naturais que regulam o tempo, à semelhança de relógios biológicos, que coordenam os sentidos. Alertam quanto ao desgaste e uso inadequado do mais perfeito mecanismo de atuação do espírito sobre a Terra. O corpo físico é considerado o suporte passivo da consciência, recebendo a ação de elementos anímico-espirituais, representados por sua química originária do próprio mundo.

Milhões e milhões de vidas microscópicas são geradas e mantidas sob perfeita organização na intimidade das células físicas, tudo isso administrado pelo espírito por meio dos poderes da mente. É através do veículo carnal que se somatizam os impulsos desarmônicos oriundos dos demais níveis ou corpos espirituais, tanto quanto de seus subníveis. Esses focos de desarmonia expressam-se em doenças, desajustes e diversas desordens. São efeito, e não a causa em si.

Sob o aspecto desse nível em que se manifesta a consciência, a saúde representa a harmonia com as leis que regem a vida. O corpo físico humano é constituído de átomos, moléculas, células e tecidos; porém, podemos dizer que ele é equilibrado e sustentado pelos milhões de vírus, ultravírus, micróbios e muitos outros elementos dos quais depende a sua vitalidade.

Não há sistema biológico estático. Todas as células físicas passam por constante revezamento e substituição ao longo da vida. O sistema humano convive com um paradoxo: ao mesmo tempo em que se vê ameaçado pelas comunidades de seres microscópicos que vicejam em seu interior, depende deles para a manutenção de seu equilíbrio. Entretanto, tal sistema de equilíbrio e disciplina é administrado pela mente, órgão imaterial do espírito.

Tecidos, sangue, ossos, sucos, fermentos, hormônios, nervos e músculos transformam-se diariamente sob o comando do espírito, imprimindo no corpo somático a expressão viva da mente, que tudo dirige para o aperfeiçoamento do ser.

Dependendo das situações e do conteúdo qualitativo

da mente, a usina humana fabrica ou desperta uma infinidade de seres microscópicos que poderão favorecer o seu equilíbrio psicofísico. Também sob a ação mental as falanges inumeráveis de seres que despertam para a sua evolução na intimidade das células físicas poderão estabelecer o colapso total. As tensões estabelecidas no corpo físico acabam atuando no mundo psicológico, e a saúde resulta do perfeito equilíbrio desse sistema admirável. Eis a base de todo o sistema imunológico[1], que equilibra a ação do corpo somático.

A consciência humana encarnada encontra dificuldade em acreditar e aceitar a realidade extrafísica do mundo imponderável. Isso ocorre por estar assim tão imersa no mundo físico através da reencarnação, tão sujeita à força aterradora que exerce a matéria. Para a maioria dos pensadores, filósofos, cientistas e demais homens que se encontram ligados ao pensamento mecanicista, com uma visão apenas material da atividade humana, é difícil aceitar a realidade além da matéria. Como resultado da concentração sobre a vida física, sobre o corpo, e de todo um culto da expressão física, é sempre mais fácil crer que ele, o corpo, sede da inteligência e da consciência física encarnada, constitui a soma total do ser. Contudo, através da mediunidade, da paranormalidade e dos sentidos extrafísicos fica patente que o intelecto, a razão, as percepções, os sentimentos e quaisquer outras manifesta-

[1] Há uma variedade de evidências para o relacionamento recíproco entre sistema psicoemocional e vários componentes do sistema imunológico, justificando o agravamento ou desencadeamento de uma série de doenças físicas por razões emocionais.

ções da consciência podem existir independentemente da forma humana, manifestando-se a consciência através de outro corpo mais evoluído ou outros veículos menos materiais que o corpo somático.

Por mais que a matéria pareça muito sólida, inflexível, real e dura aos olhos humanos, a própria ciência terrestre vem realizando descobertas que invalidam certas observações que são o fruto da falta de visão mais ampla. Os modernos físicos já afirmam que a matéria não é tão sólida quanto parece aos sentidos humanos. A percepção da mesma realidade física é diferente de acordo com o observador.

Caso todos os espaços existentes entre os átomos do corpo físico de meus irmãos fossem eliminados, o corpo humano de um ser adulto seria reduzido ao tamanho da cabeça de um alfinete. Portanto, 99% do corpo humano é constituído de espaços vazios[2] de matéria sólida.

Esse fato fez com que muitos espiritualistas questionassem a realidade objetiva do mundo físico e levou igualmente estudiosos da moderna física quântica, bem como alguns espiritualistas de expressão, a formular a teoria de que o universo é uma criação holográfica da mente universal, tanto quanto o corpo físico seria um holograma da mente.

Todo o material físico e não físico que constitui o cor-

[2] Alguns autores fazem uma analogia entre a estrutura atômica e um estádio de futebol. O marco central, onde se deposita a bola no início da partida, representaria o núcleo, e os elétrons seriam como indivíduos a correr nas arquibancadas. Toda a área restante corresponderia a espaços vazios.

po humano é controlado pela mente, que é a manifestação do espírito imortal. Enfim, toda a realidade do mundo é além-física.

Capítulo 9

Dimensão etérica

O CORPO ETÉRICO

Definição: agente intermediário entre o perispírito ou psicossoma e o corpo físico; corpo vital, invólucro energético, vaporoso.
Sinonímia: contracorpo, corpo bioplásmico, corpo etérico, duplo vital, duplo etérico, lastro do psicossoma, véu etérico, corpo diáfano, cascão astral, corpo do prana, entre outros.
Chacra correspondente: esplênico.

O duplo etérico ultrapassa as linhas delimitadoras do corpo físico. Encontra-se muito mais denso nos seres de evolução mediana e menos denso nos seres encarnados mais evolvidos.

É o corpo onde se localiza todo o sistema de chacras. Sobre essa dimensão próxima à matéria densa, já falamos algo em outra obra de nossa autoria, *Medicina da alma*.

Sua constituição mais íntima é produto do quarto estado da matéria: o plasmático ou bioplasmático. Também conhecido como corpo vital, é associado à alma vital, segundo a terminologia de algumas escolas espiritualistas, à vitalidade prânica, e possui estrutura íntima invisível em seu estado ordinário. De natureza eletromagnética, plasmática, encontram-se entre seus elementos certas partículas de antimatéria que ainda hoje desafiam as pesquisas dos cientistas e estudiosos. Muito tênue, o duplo vibra em comprimento de onda inferior ao da luz ultravioleta,[1] quase imaterial. Sua principal função é estabelecer a saúde do corpo de forma autônoma, sem que o espírito precise se ocupar disso conscientemente. É o distribuidor das energias ou da vitalidade orgânica.

O duplo etérico é associado à produção de ectoplasma,[2]

[1] Restam dúvidas acerca desta informação, que está longe de ser consensual. Existem mesmo autores espíritas que afirmam exatamente o contrário: "Esse corpo [etérico] tem natureza eletromagnética densa, mas de comprimento de onda *superior* ao da luz ultravioleta" (AZEVEDO, José Lacerda. *Espírito/matéria:* novos horizontes para a medicina. 8ª ed. rev. atual. Porto Alegre: Casa do Jardim, 2005, p. 15. Grifo nosso). Mantivemos a posição do autor espiritual, até porque o próprio médium confessa limitações pessoais no momento de debater com o espírito sobre comprimento de onda, frequência e outros parâmetros da física. Há ainda que levar em conta que toda afirmativa dessa natureza é relativa ao observador, ou seja, está sujeita a mudança, dependendo de onde se encontre esse observador: na dimensão física, astral etc.

[2] Substância amorfa, vaporosa, com tendência a solidificação pela evolução do fenômeno de sua manifestação, o ectoplasma ganha forma por influência de um campo organizador específico. Facilmente fotografado, apresenta cor branco-acinzentada e vai desde a névoa transparente à forma tangível, possuindo aspecto semelhante ao dos tecidos vivos, o

de magnetismo e bioenergia.[3] Tem individualidade própria e possui também uma espécie de consciência instintiva, embora reduzida. Apresenta-se em dupla variação cromática: azul e alaranjado, representando as duas polaridades energéticas, negativa e positiva, próprias das correntes de energia que nele interagem.

Pode ser deslocado do corpo físico através do uso de sedativos, do transe mediúnico, do sono, bem como no coma alcoólico, na hipnose e através do magnetismo animal. Entretanto, ele retorna à coincidência com o corpo físico assim que cessa a causa de seu afastamento. Possui um automatismo puramente instintivo e biológico, por isso está relacionado ao chacra esplênico, do qual recebe vitalidade oriunda dos raios solares.

O duplo etérico relaciona-se com a mente e o corpo físico de maneira semelhante ao que ocorre a uma chave disjuntora num painel elétrico. Quando surge um aumento de tensão pela aproximação de determinada energia mental (um espírito obsessor, por exemplo), o duplo etérico se afasta imediatamente, como o disjuntor se des-

que dá a sensação de viscosidade e frieza. É uma substância encontrada em grande abundância nos médiuns de cura e de materialização ou *ectoplastas*.

[3] Energia cósmica que se manifesta nos seres vivos como energia biológica específica. Permeia todo o organismo e gera um campo energético ao seu redor, estando na base de todos os processos vitais, nas emoções, na intenção e na consciência. O homem sempre teve consciência da existência dessa energia, denominada energia *ki* ou *chi*, energia vital, prana, *mana*, *munis*, *magnale*, *magnum*, magnetismo animal, força ódica, raios-N, força X ou orgone.

liga sob elevada tensão elétrica. Ocorrem aí os chamados ataques epilépticos, quando a pessoa é vítima, em grau avançado, da ação nefasta de alguma inteligência sombria.[4] O duplo etérico afrouxa os laços que o ligam ao corpo físico, aliviando as tensões produzidas pelo impacto hipnossugestivo do agressor desencarnado.

Também há desarmonias parciais ou totais, imediatas ou prolongadas no sistema de linhas de força do duplo etérico[5]. O uso de tóxicos, fumo, álcool e de certos medicamentos alopáticos afeta o equilíbrio do duplo.

[4] Indagado a respeito desta passagem, o médium Robson Pinheiro afirma estar convencido de que a grande maioria dos ataques dessa natureza com efeito está associada à aproximação de espíritos e a patologias espirituais severas. Como evidência, além de seus estudos pessoais, cita experiências mediúnicas realizadas sob a orientação de Joseph Gleber entre 1989 e 1991, durante o período em que atuava na Fraternidade Espírita Obreiros da Vida Eterna, na capital mineira.

[5] O autor espiritual já abordou o duplo etérico de maneira mais ampla no livro *Medicina da alma* (PINHEIRO. Op. cit.). Cita aqui algumas informações elementares, apenas com objetivo didático.

Capítulo 10

Dimensão astral

O CORPO ESPIRITUAL

Definição: é o modelo organizador biológico do corpo físico; agente intermediário ente o corpo mental e o corpo físico.
Sinonímia: corpo emocional, corpo luminoso, perispírito, corpo astral, corpo vaporoso, corpo espiritual, modelo organizador biológico (MOB). Na codificação espírita, a denominação *perispírito* abrange o corpo astral e os demais corpos ou níveis da consciência ou as dimensões em que se manifesta.
Chacra correspondente: umbilical ou plexo solar.

Destaca-se, na anatomia do psicossoma, a presença de centros de força e de órgãos semelhantes aos do corpo físico, pelo fato de lhe presidir a formação, bem como a presença de um cordão fluídico ou cordão de prata, que o liga diretamente ao corpo físico e ao duplo etérico. Não está restrito ao espaço do corpo físico, mas interpenetra-o expande-se além dos limites do próprio soma.

É importante observar que o perispírito apresenta-se para o espírito errante de forma tão real e concreta quanto o corpo físico para o homem terrestre. Muitas vezes está combinado com energias próprias do duplo etérico, nos seres ainda em estágio primário de evolução. Naqueles que já se libertaram da influência material, o psicossoma é o corpo espiritual, o corpo diáfano, que não apresenta forma fixa, podendo obedecer ao comando da vontade dos espíritos sublimes, conforme a necessidade evolutiva. No psicossoma reside a chave para a compreensão dos fenômenos mediúnicos e anímicos que atualmente desafiam a ciência e o entendimento dos sábios.

Em sua estrutura íntima, o psicossoma é semifísico ou semimaterial, com campos eletromagnéticos, gravitacionais e partículas elementares ainda desconhecidas pela ciência terrena, além de células de luz ou fótons.

Sensível ao pensamento, tanto no espírito errante quanto no ser encarnado, apresenta em sua fisiologia a elasticidade, o poder de irradiação, a tangibilidade em casos especiais, além de todas as sensações próprias do ser humano, por isso é chamado também de corpo emocional. Suas ligações com o duplo etérico se fazem através do cordão de prata. O pensamento e os sentimentos atuam intensamente na densidade e no peso do psicossoma.

Representa, em suas funções, um condensador de energias poderosíssimo, metabolizando, no meio ambiente espiritual ou cósmico, as energias necessárias para a manutenção do equilíbrio consciencial no mundo físico e extrafísico.

O grau de densidade do psicossoma tem relação direta com o estágio evolutivo da consciência, ou seja, quanto mais o espírito for evoluído, mais diáfano, transparente e sutil é o seu psicossoma. Quanto mais materializado ou próximo da matéria estiver, mesmo que em serviço elevado, mais denso ele deve se mostrar, em razão mesma da proximidade com as energias da dimensão material.

Sob essa ótica, entendemos que o psicossoma delimita o grau de atuação ou de liberdade da consciência, devido à sua maior ou menor densidade fluídica, que está em relação estreita com as aquisições do ser. Assim é que, se o espírito estiver num grau evolutivo acanhado, o seu psicossoma não lhe permitirá adentrar em outros domínios da vida universal, devido ao seu peso específico, que estará mais sujeito à força gravitacional do planeta que o prende nas dimensões inferiores. De outra forma, quando o ser se encontra em estado mais avançado de consciência, o psicossoma, por ser mais sutil, fluido e rarefeito, permite-lhe se localizar em regiões mais elevadas, conforme seu grau de conscientização perante a vida.

O psicossoma não pode enfermar, da maneira como o corpo físico enferma, tampouco ser lesado ou sofrer os abalos próprios do corpo denso. Quando um desencarnado apresenta-se assim, através de determinado médium, isso se dá devido a condicionamentos psicológicos e formações mentais do espírito. Estas, abrigadas na intimidade do ser, estão diretamente relacionadas a suas culpas e medos e à ignorância das leis espirituais. Inexperiente muitas vezes, o espírito não conhece certas leis do mundo oculto e permanece com o psiquismo prisioneiro de situações constrangedoras, que se refletem na forma do psicossoma.

O corpo espiritual é o veículo por excelência de manifestação do ser no mundo das formas, devido ao fato de permanecer entre dois planos e, ao mesmo tempo, ter em si os elementos desses planos ou dimensões. Permanece ligado ao corpo físico e ao duplo etérico através do cordão de prata. Liga-se, igualmente, ao corpo mental, através do cordão de ouro, uma espécie de apêndice que o mantém ligado ao *mentalsoma*, ou corpo mental. Assim como o corpo mental é o responsável pela manifestação do intelecto e dos sentimentos, o psicossoma, por estar mais perto vibratoriamente do corpo físico e do duplo etérico, é o responsável pelas emoções, daí ser classificado por esoteristas e espiritualistas como corpo emocional.

Condensador das emoções, o corpo psicossomático é o modelador do mundo das formas. Contém em si todas as matrizes do corpo físico, presidindo-lhe a formação desde o útero materno até as transformações que se verificam durante o período da vida física. Promove a formação e coesão de milhões de células, transmitindo as informações precisas através do DNA, para que o corpo lhe reflita as necessidades.

10.1
Corpo astral e centro das emoções

O corpo astral é também conhecido como *campo quântico emocional.*[1] Depositário de certos instintos e emo-

[1] Esta nova terminologia, referente ao corpo emocional ou psicossoma, é utilizada pelo autor espiritual em analogia às modernas descobertas

ções passionais, está intimamente ligado ao plexo solar.

Muitas vezes apresenta-se com uma luminosidade branca, argêntea ou azulada. Sob a orientação automática do corpo astral — que é o modelo original —, são formadas as estruturas complexas do corpo físico. É também no corpo emocional que se expressa a sensibilidade ao prazer e à dor, e em suas células sutis registram-se todas as emoções comandadas pela vontade, todos os vícios e paixões, além dos primeiros ensaios de sentimentos. Através do corpo astral o espírito expressa de forma mais intensa e plena as suas emoções.

O corpo emocional possui um conteúdo instintivo — sua função é a de ser a sede do instinto, também conhecido como subconsciente. Essa dimensão é responsável pelo crescimento da consciência no ser. Nos conteúdos instintivos, próprios do corpo emocional, permanecem as paixões, emoções, sensações e os desejos, os apetites e instintos, enfim, os desejos provenientes do passado do homem em sua lenta elaboração ao longo das reencarnações. Representa a sua etapa infantil-espiritual. O desejo e o instinto de conservação encontram no corpo emocional-astral-perispirítico a sua sede, tanto quanto os impulsos que coordenam a natureza sexual.

A etapa representada pelo corpo emocional e seu instinto natural é de grande utilidade ainda hoje, no presente estágio evolutivo. Mesmo representando a fase animal ou a ela se assemelhando, essa chamada dimensão emocional ou astral do ser pode e deve ser utilizada pelo homem

da ciência, a fim de que os pesquisadores possam ter elementos mais atuais para seus ensaios e pesquisas.

como elemento de preservação da vida física e do mundo ao seu redor. Todas as paixões podem ser utilizadas dentro de certos limites, sem comprometer o crescimento do homem — ao contrário, colaborando para sua preservação.

Durante os milênios de evolução anímica os conteúdos instintivos foram se elaborando no reino mineral, através de materializações e desmaterializações do princípio espiritual, a mônada divina. Coordenando as formações cristalinas e as transformações químicas nesse reino, esse instinto, próprio do corpo emocional, passou por lentas e graduais modificações. Adentrou nos limites de outros reinos da natureza para elaborar a subconsciência nas sensações próprias da dimensão em que estagiava. Absorveu, no elemento vegetal, as experiências que lhe enriqueceram mais tarde. Aparece como uma inteligência instintiva, nesse reino prodigioso da natureza.

Ascende ao reino animal, coordenando das mais simples às mais complexas expressões do instinto, até atingir, no homem, a sua expressão máxima.

A subconsciência é, pois, esse porão de armazenamento das emoções e guarda estreitas relações com o corpo emocional da literatura espiritualista.

Quando o homem começa a elaborar um raciocínio coerente, adquirindo a razão, o subconsciente passa a agir como depositário das experiências passadas, cedendo lugar à atuação do intelecto. Entretanto, a grande maioria da humanidade continua agindo em sintonia com os automatismos da subconsciência. Permanece nas paixões, nas emoções e nos desejos. Nesses indivíduos, o corpo emocional passa a ter predomínio sobre os demais corpos.

Esse conteúdo da subconsciência é o responsável pelos atos mecânicos, que estão impressos no corpo astral. Nele se encontram os registros do passado ancestral, as alegrias e tristezas registradas no transcorrer do tempo, bem como o comando das ações automáticas, como, por exemplo: fechar os olhos, dormir na hora certa, fazer sexo, afastar-se do perigo. Também nele se localizam os instintos da violência e as emoções descontroladas, que foram arquivados desde o passado espiritual.

10.2
Anatomia do psicossoma[2]

O corpo espiritual, perispírito ou psicossoma apresenta algumas características que merecem ser estudadas com maiores detalhes por meus irmãos. Algumas delas podemos enumerar: centros de força, inserção do cordão de prata; peso específico; massa e densidade média de matéria astralina; composição semifísica, da matéria constitutiva da atmosfera terrestre; forma humana apreciável; elasticidade e sensibilidade extrema.

O psicossoma, no homem encarnado, está localizado na região correspondente ao corpo físico e além dele. Pode se apresentar ainda, em estado de desdobramento, unido ou não à matéria ectoplásmica do duplo etérico, dependendo do grau de desacoplamento do indivíduo. Nos espíritos, apresenta-se mais ou menos rarefeito, con-

[2] O autor espiritual fala mais a respeito da anatomia do psicossoma (PINHEIRO. *Medicina da alma.* Op. cit.).

forme o grau de materialização ou desmaterialização que o ser tenha atingido.

10.3
Características da fisiologia do psicossoma

O psicossoma recebe a influência da gravidade terrestre; condensa a energia cósmica e absorve a matéria sutil do mundo extrafísico; atua como intermediário entre a consciência encarnada, com sede no corpo humano, e o corpo mental; através de sua opacidade ou translucidez, condensação ou rarefação, luminosidade e transparência, o psicossoma pode ser distinguido como sendo de encarnado ou desencarnado.

O psicossoma sobrevive e continua sua existência indestrutível diante dos elementos desagregadores da forma. Ele não precisa crescer como o corpo físico, porém dilata-se conforme a necessidade do indivíduo em diferentes fases evolutivas. Não possui formas predefinidas, fixas ou permanentes, por estar sempre associado à vontade e ao contexto evolutivo do ser. Essa é a causa de o psicossoma ter sido catalogado como corpo dos desejos ou corpo emocional, por estar sujeito às alterações emocionais e plasmar em suas células sutis o resultado de todos os desejos e sentimentos da criatura.[3]

[3] A propósito, ver também parágrafos iniciais do capítulo 12, *O corpo mental.*

Capítulo 11

Cordão de prata

Definição: substância semimaterial que liga e mantém o psicossoma ou perispírito ligado ao corpo físico ou soma.
Sinonímia: laço fluídico, cordel luminoso, laço vital, cordão umbilical extrafísico, laço astral, cordão astral, cordão perispirítico, conexão da alma, corrente vital, entre outros.

A consciência ou espírito, para manifestar-se no universo, precisa se revestir de corpos compatíveis com a dimensão ou o plano em que se situa momentaneamente, por impositivo de sua evolução. Como alojamento do espírito, os corpos metafísicos servem de veículo de expressão dos atributos do ser. Conhecidos em nosso plano como metaorganismos,[1] esses corpos se relacionam com o meio ambiente em que seja necessário o ser atuar, sempre de acordo com as leis próprias desses planos ou dimensões.

O ser humano não se constitui apenas do veículo so-

[1] O termo se refere aos corpos energéticos — psicossoma, corpo mental etc. —, também conhecidos como *holossomas.*

mático, com o qual se relaciona com o mundo das formas. Coexistindo de forma harmoniosa, outros corpos, imponderáveis, justapõem-se ao escafandro físico e podem ser dissociados ainda em estado de vigília, através de técnicas de magnetismo, como também no estado de sono. Esses corpos energéticos e extrafísicos habitam o mesmo espaço que o corpo físico, embora vibrem em dimensões e frequência diferentes.

Os corpos espirituais, também conhecidos como *holossomas*, extravasam os limites do corpo físico além das fronteiras da matéria densa. Num extremo material, o ser se reveste da matéria densa, sendo seu corpo físico sujeito a todos os mecanismos das leis físicas descobertas e estudadas pela ciência acadêmica ou humana. Além dos limites visíveis ao olho humano, vibra na mesma dimensão física, porém em frequência diferente, o duplo etérico ou corpo bioplasmático, constituído de elementos físicos e astrais, próprios da constituição etérica ou plasmática do mundo.

Como organizador biológico e elemento dinâmico da consciência, eis que o psicossoma ou perispírito representa o veículo por excelência de manifestação do ser e é responsável pela coordenação de todos os fenômenos observados nas dimensões inferiores a ele próprio. Além do plano de manifestação do perispírito surge o *plano mental*,[2] que é uma dimensão onde se manifesta o corpo

[2] Os planos além da matéria correspondem às diversas dimensões já estudadas a partir das descobertas da física quântica. Portanto, os termos *plano astral*, *plano mental* e outros podem ser compreendidos como dimensões astral, mental etc.

mental, que coordena todos os outros corpos inferiores.

Embora existam veículos mais sutis de manifestação da consciência, nos deteremos especialmente nas peculiaridades do corpo mental e em sua atuação no presente estágio evolutivo do homem terrestre. Abordaremos essas outras dimensões[3] ou corpos energéticos somente com interesse didático, visando à maior compreensão dos fatores envolvidos na evolução. Não pretendemos de forma alguma discorrer sobre ou fazer apologia das implicações doutrinárias, filosóficas ou dogmáticas advindas das interpretações espiritualistas. Esse não é definitivamente o nosso objetivo.

Entre os diversos corpos de que se reveste o espírito, podemos afirmar que o duplo etérico é o único que não se presta à manifestação inteligente da consciência, uma vez que seu objetivo é totalmente diferente do objetivo dos demais: liga os elementos sutilíssimos do psicossoma ou corpo astral ao corpo físico, constituindo-se de matéria ectoplásmica.

Cada envoltório espiritual ou energético está submetido à ação daquele que vibra em dimensão imediatamente superior, ou seja, o corpo físico é organizado pela vibração do perispírito, enquanto este é submisso e reflete as disposições do corpo mental. Todos, vibrando em dimensões diferentes, coexistem e trabalham em harmo-

[3] As outras dimensões descritas pelo espírito são "ambientes" onde o ser estagia temporariamente durante seu processo evolutivo. É natural pensar que nestas dimensões além da matéria física haja outra forma de matéria — matéria mental, matéria astral etc. —, que sirva de base às realizações dos habitantes de cada um desses locais ou planos.

nia com os atributos do ser imortal, como numa espécie de hierarquia.

Em uma escala de ascendência funcional, a consciência, cuja sede se localiza no corpo mental,[4] domina e atua diretamente, pela vontade, nos corpos energéticos, sutis e etéricos inferiores.

Cada célula do corpo espiritual se encontra ligada à célula correspondente do corpo físico; entretanto, quando esses corpos se dissociam através do desdobramento ou da projeção, os elementos sutis do psicossoma formam uma espécie de apêndice, que é designado *cordão de prata*. Este liga a cabeça física à sua forma astral, e é através dele que a ligação entre ambos os corpos permanece firme, embora, em diversas ocasiões, os corpos físico e energético estejam dissociados, tanto por processos naturais quanto induzidos de desdobramento. À semelhança do ectoplasma, do duplo etérico e da glândula pineal,[5] no corpo físico, o cordão de prata é um elemen-

[4] No atual estágio da humanidade, o conhecimento sobre os corpos superiores revela grandes limitações. Tanto assim que, incitado a escrever mais a respeito, desenvolvendo os capítulos deste livro que tratam do tema, Joseph relatou a dificuldade em avançar na matéria e afirmou que seu objetivo era mencionar tais estruturas; nada além. Assim sendo, é possível que, ao dizer que a sede da consciência está no corpo mental, ele esteja fazendo uma simplificação, deixando para o futuro o mérito de questões como "Que se entende por consciência, afinal?" e "Em que medida ela está neste ou naquele corpo superior?". Uma coisa é fato: há que aprofundar as pesquisas a esse respeito.

[5] No século XVII, Descartes ensinava que a glândula pineal ou epífise era a sede da alma; no entanto, em épocas mais recentes, essa estrutura ce-

to parabiofísico.[6] Ou seja, embora enraizado no veículo somático, transcende os limites da matéria em suas funções e manifestações energéticas.

O cordão de prata constitui elemento importante tanto nos casos de morte do corpo físico quanto nos processos de desdobramento. No momento da morte física ou desencarne, é rompido definitivamente, enquanto durante o processo de desdobramento ou projeção da consciência encarnada é ele que mantém a conexão do corpo espiritual com o físico, impedindo a morte deste e conservando ambos não apenas ligados, mas em constante comunicação.

Em sua anatomia o cordão de prata apresenta elasticidade, com densidade e diâmetro variáveis. Quando se observa sua estrutura junto ao corpo humano, nota-se que é constituído de vários fios tênues cintilantes. Também é característica do cordão de prata, quando em

rebral era considerada simplesmente como um órgão vestigial, um resquício do fotorreceptor dorsal presente em certos vertebrados inferiores. A glândula pineal teve várias denominações ao longo do tempo. Há pelo menos 2 mil anos, já era considerada a *sede da alma* — sua morada. É uma espécie de radar psíquico, chamado também de *olho pineal, terceiro olho* ou, ainda, *corpo pineal*. Para os hindus, *centro de força*, para os ocultistas, *olho de Shiva*, por ser o responsável pela clarividência. (Nota do autor espiritual.)

[6] O cordão de prata está intimamente ligado a algumas funções biológicas, embora seja constituído tanto de matéria etérica e física quanto astral. Está além da classificação comum da fisiologia humana, já que pertence à parafisiologia, ou à fisiologia dos corpos superiores e energéticos. (Nota do autor espiritual.)

contato com a atmosfera etérica — ou seja, quando o ser encontra-se desdobrado, fora do corpo físico —, a sensibilidade térmica, o brilho ou luminosidade própria de sua constituição ectoplásmica, com a natural fosforescência. O raio de ação do cordão de prata é tão vigoroso quanto seja maior a quantidade de fluido vital da pessoa.

Nem todas as pessoas em processo de desdobramento da consciência conseguem perceber o cordão fluídico que liga o corpo espiritual ao corpo físico; entretanto, o desconhecimento de sua existência e de sua atuação pode fazer com que o sensitivo ou médium confunda algumas situações relacionadas à sua ação com a atuação de influências espirituais.

Examinemos esse ponto mais detalhadamente. Quando o cordão de prata se encontra envolvendo o psicossoma à semelhança de uma corda que se enrola em torno de alguém, é comum a pessoa sentir-se sufocada quando em estado de transe. Esse tipo de sensação poderá refletir a situação do cordão de prata, e não exatamente uma influência espiritual. Por isso é necessário que o sensitivo conheça algo mais acerca de sua atuação.

A extremidade do cordão de prata junto ao corpo humano tem origem física, embora encontremos vestígios de matéria astral ou ectoplásmica em sua constituição. Sua sede no corpo físico é a glândula pineal e a medula oblonga ou bulbo raquidiano. No outro extremo, além dos limites materiais, junto ao psicossoma, sua constituição é astralina, com elementos próprios da vida extrafísica.

Ao observar-se a extremidade próxima do corpo físico, podemos ver que o cordão fluídico guarda uma estreita ligação com a epífise e ramifica-se por todo o organismo, com ligações profundas com os centros de força e o sistema nervoso. Em seu outro extremo, no psicossoma, verificamos que se liga aos vórtices de energia. É, pois, um elemento híbrido, com características biológicas e etéricas.

Quando o espírito encarnado é visto em nossa dimensão, desdobrado ou projetado, o cordão de prata sobressai, parecendo-se com um fio elétrico que liga o ser ao seu veículo denso.

Nos momentos de dificuldade durante o sono físico ou desdobramento, o cordão de prata é o elemento condutor de energias revigorantes que se possam enviar ao espírito livre. Através do fio prateado, são conduzidos recursos fluídicos e energéticos da base física, onde se encontra o corpo, até o espírito, não importando a que distância o espírito se encontra além do corpo. Somente o rompimento definitivo do cordão poderá provocar a morte física ou o desencarne. Enquanto o cordão permanecer ligado ao corpo e ao psicossoma, não poderá haver morte. Eis por que muitas vezes é necessário que espíritos amigos venham em socorro das pessoas, nos momentos do desenlace, afrouxando os elementos de ligação do cordão de prata, a fim de que o ser se liberte definitivamente.

A intrigante relação do cordão prateado com os corpos etérico e físico poderá esclarecer muitas dúvidas quanto a fenômenos ainda mal compreendidos pelos meus irmãos.

É muito importante estudarmos as características do cordão de prata como elemento de ligação do psicossoma com o corpo somático, pois ele também regula a quantidade de energia etérica transferida do corpo astral ao físico e ao etérico por ocasião das transferências energéticas.

O cordão de prata é formado no momento da concepção e passa a maior parte do tempo recolhido ou encolhido na intimidade das células físicas. Nos processos de desdobramento, expansão da consciência ou transe, ele controla os processos vegetativos vitais do corpo físico, evitando que o corpo perca a vitalidade durante esses processos psíquicos.

Falamos a respeito da atuação do cordão prateado apenas para abordar, mais adiante, outro tipo de ligação: a do corpo espiritual, psicossoma ou perispírito com o corpo mental, também ligados através de um conjunto de fios tenuíssimos, denominado *cordão de ouro* — chamado assim apenas para efeito didático, em analogia com o termo amplamente empregado, *cordão de prata.*

Eis algumas psicopatologias ligadas à atuação do cordão de prata, quando se enlaça no psicossoma ou na cabeça extrafísica:

- sensação de sufocamento;
- impressão de que alguém ou alguma coisa está apertando-lhe a garganta;
- insensibilidade no soma ou base física, com sensação de formigamento;
- hipersensibilidade na região do chacra laríngeo;
- tonteira durante o processo de transe, desdobramento ou projeção astral;
- sensação de quase-morte.

11.1
O cordão de prata e os fenômenos de ectoplasmia

O ectoplasma é uma substância exsudada do corpo humano por médiuns que têm a capacidade de extravasar sua sensibilidade doando fluidos vitais. A fenomenologia de efeitos físicos, amplamente estudada na Codificação e em toda a ciência espírita,[7] é especialmente realizada com o emprego do ectoplasma. Ele é o meio que possibilita às entidades extrafísicas a atuação material. Embora certas semelhanças entre o ectoplasma e o cordão de prata, ambos são elementos absolutamente distintos.

[7] Cf. "Das manifestações espíritas". In: KARDEC, Allan. *O livro dos médiuns ou guia dos médiuns e dos evocadores*. 71ª ed. Rio de Janeiro: FEB, 2003, p. 83-95, 101-147, itens 52-64, 72-99.

Capítulo 12

Corpo mental

Definição: é um corpo energético de dimensão superior à do psicossoma, sem forma apreciável. Ao contrário do psicossoma, não possui órgãos internos que se assemelhem aos do corpo físico. É o idealizador e o mantenedor das formas e do funcionamento dos corpos que lhe são inferiores.
Sinonímia: paracorpo, corpo superior, corpo puro, corpo do espírito, corpo sem forma.
Subdivisões: mental inferior e mental superior.
Chacras correspondentes: laríngeo e frontal.

O corpo mental caracteriza-se por ser disforme, ou seja, não apresenta a forma do corpo humano, como o psicossoma. Geralmente, apresenta-se como um corpo ovalado, nebuloso e extremamente luminoso. Também conhecido como *mentalsoma*, pode revelar variações cromáticas entre o branco, o azul e o dourado. Manifesta-se no plano ou dimensão mental, além do alcance dos sentidos humanos, uma vez que transcende a forma e o espaço conforme o homem os percebe.

Sede da consciência cósmica, do pensamento contínuo e da memória integral, o corpo mental encontra-se junto do psicossoma, e não no cérebro humano. Isto é, localiza-se na região do perispírito que corresponde à cabeça — e não no encéfalo. Enquanto o psicossoma faculta à consciência liberta definitiva ou momentaneamente a articulação extrafísica da fala, em forma de diálogo mental ou transmental, o corpo mental só se manifesta através da telepatia,[1] sem articulação que se assemelhe a palavras.

No ser encarnado, os atributos do corpo mental somente são sentidos intensamente após o ser humano já haver superado o domínio do corpo emocional ou psicossoma. Isso se dá após o amadurecimento do ser, quando superar os impulsos animais.

Tanto o duplo etérico quanto o psicossoma, embora sejam importantes para o momento evolutivo do ser na Terra, ofuscam-lhe a visão mental, pois tais corpos inferiores estão imersos em impulsos emotivos, ao passo que o corpo mental está livre das manifestações próprias da emotividade. A conquista dos atributos da mente somente será realizada após o ser viver plenamente as etapas coordenadas pelo corpo emocional e amadurecer, transcendendo esse estágio.

Quando o homem viver plenamente suas experiências físicas e sociais e conquistar a serenidade relativa que produz o amadurecimento das emoções, então pode-

[1] Define-se a telepatia como a "percepção paranormal do conteúdo de um ato psíquico" (cf. GONZÁLEZ-QUEVEDO, Oscar. *A face oculta da mente*. 19ª ed. São Paulo: Loyola, 2003, p. 311). A transmissão do pensamento é somente uma das formas de manifestação da capacidade telepática.

rá adentrar no domínio do campo mental. Livre das preocupações da matéria, terá maior tempo a sua disposição para se dedicar às realizações da mente e do espírito.

O hábito de realizações espirituais e de estudos elevados pode ser um dos fatores importantes no desenvolvimento do corpo mental.

Dentre as formas de manifestação da parapsicofisiologia do corpo mental, indicamos alguns de seus atributos:

- transmissor de imagens mentais;
- criador de formas-pensamento;
- mediador entre os planos ou dimensões mental e astral;
- coordenador da projeção de sentimentos racionalizados.

O corpo mental favorece o livre curso das ideias após transformar os circuitos intelectivos do ser, absorvendo elementos superiores que nutrem o intelecto. Podemos dizer que o corpo mental possui, à semelhança do cérebro físico, dois hemisférios, embora diferentemente da estrutura física do cérebro humano. Não possui forma, e cada hemisfério — assim denominado para efeito de aprendizado — representa polaridade negativa ou positiva. As experiências vividas pelo ser são arquivadas definitivamente no plano mental, através do corpo mental, ficando aí registradas como experiências necessárias — ou positivas — e, de outro lado, momentaneamente desnecessárias — ou nocivas.

O corpo mental não atua diretamente sobre a matéria, mas atua intimamente ligado ao psicossoma. É somente através do psicossoma, quando o espírito está encarnado, que o corpo mental tem as percepções de espaço, forma, tempo e todas as demais que são próprias da vida material.

O corpo mental tende a brilhar, crescer e se expandir à medida que o espírito evolui. Assim como o psicossoma é o responsável pela manifestação das emoções, o corpo mental é o responsável pelos pensamentos e sentimentos elevados. Portanto, melhorar os sentimentos e trabalhar o pensamento, expandindo a capacidade de raciocinar, é significativo para o desenvolvimento do corpo mental.

Os estados mórbidos ou parapsicopatológicos associados ao corpo mental são perfeitamente observáveis nos espíritos errantes, principalmente logo após o processo de morte biológica. Quando o ser retorna à dimensão extrafísica sem a consciência do impacto desencarnatório, apresenta uma parapsicopatologia que é possível trabalhar através da terapia empregada nas reuniões de evocação ou desobsessão. A parapsicose apresentada por espíritos recém-desencarnados, ou consciências extrafísicas, com monoideísmo reflete distúrbios próprios do corpo mental.

Entidades extrafísicas carentes de energia mental vigorosa apresentam-se como vampiros, sugando as reservas energéticas de encarnados e desencarnados, provocando diversos prejuízos. Nesses casos tão comuns, ocorre um aparente déficit na atividade mental do indivíduo, pois tais entidades ajustam-se vibratoriamente[2] às auras dos

[2] O ajuste vibratório é a fusão entre as energias de seres encarnados e desencarnados — no caso analisado, o espírito obsessor — ou somente entre inteligências extrafísicas.

encarnados. Procuram suas vítimas em ambientes que favoreçam emoções fortes. Como a carência energética desses seres reside no corpo mental, os hospedeiros dessas almas desajustadas passam a abrigar formas-pensamento ou ideias desequilibradas e impróprias aos seus ideais. O distúrbio nesses casos é mental, embora persistam os sintomas no corpo emocional ou psicossoma, mesmo durante algum tempo após o indivíduo se liberar da energia mórbida. É o que chamamos de *repercussão vibratória*.

No plano espiritual, é muito comum as entidades com disfunções no corpo mental serem tratadas através de terapias coletivas, pela mentalização terapêutica realizada por equipes de espíritos especializados. Em casos assim, destaca-se o papel das artes realizadas pelos espíritos: criações mentais através da música, pintura de telas nos próprios fluidos do mundo espiritual e outras manifestações artísticas servem de estímulo para o reajuste do corpo mental enfermo.

Tanto nos desencarnados quanto nos encarnados verificam-se, muitas vezes, certas emoções incontidas ou descontroladas gerando processos parapsicopatológicos,[3] como deficiência mental, desenvolvimento retardado, dificuldade de concentração e falta de senso crítico, resultantes de distúrbios do organismo mental.

Como causas desses distúrbios próprios do corpo mental, observamos alguns fatores que favorecem o aparecimento dessas disfunções, tais como: intoxicações energéticas, processos de simbiose mental entre desencarnados

[3] O termo se refere a psicopatologias próprias do corpo espiritual ou do mental.

e encarnados, processos de dependência emocional prolongada entre seres que se esgotam mutuamente.

12.1
Corpo mental inferior

Como se pôde notar, o corpo mental está associado à função intelectiva.[4] Ele se manifesta como *mental inferior* ou *concreto* e *mental superior* ou *abstrato*. São subdivisões necessárias e importantes do corpo mental, a fim de que se entendam certos mecanismos de manifestação da consciência. A função intelectiva do corpo mental inferior é englobar as percepções que sensibilizam os cinco sentidos comuns ao homem terreno. É o corpo cognitivo, cujo raciocínio é naturalmente seletivo e impressiona diretamente o sistema nervoso. Está diretamente relacionado à personalidade encarnada e encontra-se ligado ao chacra laríngeo, o chacra da expressão.

O mental inferior é conhecido também como *mente objetiva*, pois é o responsável pelo raciocínio, o intelecto calculista e relaciona-se com as formas de vida física.

O intelecto expresso na vida mental organizada é a marca da humanidade — o selo do homem em meio às manifestações da vida animalizada. Através da função

[4] A função intelectiva é a do pensamento, dos processos mentais: percepção de impressões, formação de representações e conceitos, raciocínio, comparação, negação, formação de palavras, linguagem, entre outros exemplos.

intelectual o ser se expressa como indivíduo, pois já deve ter superado a fase das emoções, das paixões e dos instintos. Analisa, calcula e raciocina, proporcionando ao espírito a noção de ser e existir. Com o intelecto o homem consegue compreender a sua relação com o mundo que o cerca, formando a consciência própria, reconhecendo-se como sujeito — o Eu.

Essa dimensão da vida — o corpo mental inferior ou corpo do intelecto — é responsável pelo domínio das emoções. Utiliza-se das experiências adquiridas e arquivadas na fase instintiva da subconsciência de forma a canalizar os recursos aí armazenados para o crescimento.

A consciência do corpo mental abrange um espaço muito reduzido, limitado, o que poderá gerar uma deturpação da realidade. Como está inserido no contexto do aqui e agora, corre o risco de se exaltar diante dos fenômenos do mundo das formas. Nesse caso o homem poderá sucumbir, deixando os conteúdos do instinto arquivados no subconsciente predominarem sobre os atributos do corpo mental inferior, ou intelecto. A ação do campo mental inferior é intermediária entre a dimensão espiritual propriamente dita e a fase instintiva, ou entre o corpo emocional e o mental abstrato, superior.

12.2
Corpo mental superior, a dimensão espiritual

O corpo mental superior ou dimensão espiritual elabora e estrutura as ideias e está ligado ao chacra frontal de uma forma especial. Esse conteúdo espiritual é denominado corpo mental superior ou abstrato porque elabora e estrutura princípios e ideias abstratas, buscando a síntese e as conclusões que definirão as ações do indivíduo. A mente espiritual é a responsável pelo raciocínio criativo, e em sua intimidade são elaboradas as intuições para o progresso científico da humanidade. Sua estrutura superior capacita o corpo mental para a elaboração de teorias e de avaliações.

Quando o mental superior está viciado e através dele o homem entra em conexão com os conceitos de poder temporal, domínio de consciências, mando desmedido e tirania, esse corpo fragmenta-se, adoece e perturba profundamente a personalidade.

É conhecido como *superconsciente* nos registros espíritas e é a fonte dos mais sublimes desejos, pensamentos e inspirações nobres e elevadas; representa a intuição pura.

Assim como o conteúdo instintivo[5] representa uma fase animal, emocional e os arquivos das experiências milenares, o corpo mental superior corresponde ao porvir, à inspiração. Em profunda conexão com o chacra frontal, produz a ligação com as forças que engendram o progresso do mundo. É dessa dimensão cósmica que o ser vivo banha-se na fonte sublime da própria vida, traçando suas metas quanto ao futuro. Quanto mais predo-

[5] O conteúdo instintivo a que se refere o autor compreende alguns mecanismos orgânicos: as funções internas do organismo, os cinco sentidos, as emoções geradas por sensações físicas (sensação de dor ou prazer; interpretação de sabores e odores), os reflexos, os risos e bocejos.

mina o corpo mental superior, menos força e influência exercem o conteúdo instintivo do corpo emocional e a ação intelectiva do mental inferior. A atuação desse elemento divino representado pela superconsciência supera os domínios do intelecto.

De um lado, a força instintiva instiga o homem ao retorno às práticas inferiores, aos desejos e aos comportamentos antigos. De outro, a ação mais espiritual do corpo mental inspira-o a prosseguir desligando-se das emoções, da matéria e elevando-se cada vez mais à manifestação plena do ser. O homem fica dividido entre os dois apelos, e a pressão exercida por essas forças e pelas influências do contexto reencarnatório e do mundo extrafísico é que forja seu caráter, sua identidade espiritual.

Capítulo 13

O cordão de ouro

LIGAÇÃO INTERCORPORAL
PSICOSSOMA-MENTE

Definição: órgão extrafísico que liga o psicossoma ao corpo mental e é responsável pelas transferências energéticas de nível superior. Ao contrário do cordão de prata, não se desfaz nem se rompe após a morte do corpo físico. **Sinonímia:** *paracordão*, cordão umbilical extrafísico, apêndice energético.

Os temas relativos ao corpo mental ainda são pouco estudados pelos meus irmãos espíritas, entretanto continuaremos a abordar o assunto, por entendermos necessário ao crescimento e também à compreensão de muitas psicopatologias, ainda inexplicadas mesmo pelos pesquisadores espíritas, devido à falta de estudos acerca do corpo mental.

Assim como o cérebro perispiritual ou cabeça do psicossoma mantém-se ligado ao corpo físico através do elemento semimaterial que denominamos cordão de prata, também o corpo mental mantém-se conectado ao psicossoma através de um elemento de ligação parafísico que denominaremos cordão de ouro apenas para compreensão de meus irmãos, já que nos faltam recursos no vocabulário do médium.

O cordão de ouro é o responsável pelas informações e mentalizações realizadas do corpo mental em direção ao corpo psicossomático, inferior em vibração. A sede do cordão de ouro está no corpo mental, que, diferentemente do corpo psicossomático, não tem forma tangível. Para que a conexão entre o corpo mental e o psicossoma permaneça estável através das múltiplas experiências de encarnação e desencarnação, o cordão de ouro exerce um papel fundamental.

Ainda de modo diverso do que ocorre com o cordão de prata — que desaparece após a dissociação do conjunto corpo físico/duplo etérico/psicossoma, por ocasião da morte biológica —, o cordão de ouro, como elemento sutil de estrutura mental, sobrevive aos choques e entrechoques biológicos de desencarnação e reencarnação ao longo dos milênios.

O cordão de prata tem uma atuação física e extrafísica, por participar da parafisiologia do corpo psicossomático e da fisiologia do corpo físico. O elemento mental do cordão de ouro, entretanto, possui dupla atuação extrafísica. Ele representa a conexão mente-perispírito e serve como ligação entre o plano dos sentimentos e o das emoções. Sua atuação, por isso mesmo, escapa às formas convencionais de observação pelos sensitivos e médiuns.

Capítulo 14

Outros corpos superiores

14.1
Corpo búdico, o corpo cósmico

Neste nosso estudo despretensioso do ser imortal julgamos de grande utilidade estudar também o chamado corpo *budhi* das filosofias espiritualistas. Para efeito didático, dissociaremos essa dimensão em três partes ou subníveis, a saber: moral, intuitivo e consciencial. A nosso ver, tal divisão é necessária para que tenhamos uma pálida ideia da ação do espírito através de seus corpos e para que possamos desmistificar algo que se criou em torno da existência dos chamados corpos espirituais.

Essa dimensão ou corpo búdico, conhecido em nosso plano como corpo cósmico, detém o grande núcleo da consciência potencializado ao máximo, à semelhança de um átomo espiritual. É nessa dimensão cósmica, búdica, imortal que são registrados toda experiência multimilenar e todos os acontecimentos, em seus mínimos detalhes. Desse núcleo *psi*, da partícula anímica, partem as chamadas ordens e demais resoluções do espírito.

Núcleo de potência moral — Representa uma dimensão da partícula anímica ou espírito, responsável pelas noções do bem e do mal sob a ótica *individual,* ou seja, de acordo com o ponto de vista do próprio ser. Também é a dimensão ou campo consciencial responsável pela relação do espírito com o meio onde ele age e atua; é o comando do comportamento da entidade pensante.

Núcleo de potência intuitiva — Podemos compreender essa dimensão como sendo a antena do espírito. É o núcleo anímico responsável pela captação das informações do cosmo. Não encontrando vocábulos que o descrevam perfeitamente, dizemos apenas que é a dimensão da intuição pura, da genialidade científica e estética do espírito, que é interpretada pelo corpo mental.

Núcleo consciencial — Representa o grande núcleo de potenciação da consciência cósmica, ainda pouco definido e conhecido por meus irmãos encarnados e ainda estudado por nós, os desencarnados, espíritos que estamos em processo de aprendizado no planeta. Esse núcleo é estruturado em uma dimensão à qual temos pouquíssimo acesso, por elevar-se acima de todos os outros corpos que são inferiores à dimensão búdica.

14.2 *Corpo átmico*

Essência divina, consciência pura; diretora da *idiogênese.*[1]

[1] Termo não encontrado nos principais dicionários de língua portuguesa,

O corpo átmico é a própria partícula da vida, o princípio coordenador. Também chamado de eu cósmico, mônada e semente da vida. É o espírito puro. Impossível descrever sua essência divina. Imanente, transcendente, inexplicável e indescritível — ao menos segundo os padrões humanos. Apenas *é*.

O corpo átmico é o ser principal, criação direta do Todo-Sábio. Tanto quanto seu criador, só pode ser sentido. Parcialmente e palidamente poderá ser analisado, pois faltam bases para que possa ser associado a algo que se conheça. É a parte imortal e fonte de toda a vida, a causa criada e eterna, que é ao mesmo tempo ator e ato, o espectador e o produtor do grande drama evolutivo. É imortal, consciência pura.

A cada ação do espírito no palco abençoado das reencarnações, os corpos vão se adelgaçando, se transubstanciando. À medida que cresce, aprende, aperfeiçoa-se, o ser despe-se dos corpos mais pesados e densos, passando a atuar em níveis e dimensões de consciência cada vez mais sutis. Um dia brilhará puro, independente dos envoltórios que utiliza em sua caminhada rumo ao infinito.

em inglês (*idiogenesis*) designa origem espontânea, sem causa evidente, como no caso de uma doença. Etimologicamente, temos dois elementos de composição gregos: *idi(o)-*, com o significado de *próprio, particular, peculiar*; e *-gênese*, com o significado de *fonte, origem, início*. Pode-se, então, depreender disso que o autor espiritual chama de *idiogênese* a formação dos corpos que expressarão a consciência individual. (Cf. www.medilexicon.com/medicaldictionary.php?t=43381; http://www.merriam-webster.com/medical/idiogenesis. Acessados em 22/7/2011. Cf. DICIONÁRIO Houaiss eletrônico. Versão 3.0. Rio de Janeiro: Objetiva, 2009.)

Capítulo 15

O pensamento e as contaminações fluídicas

O espírito[1] ***ou o Si*** é uma unidade indivisível[2] que

[1] Na filosofia espírita, o *espírito* — termo que Kardec grafava com maiúscula — provavelmente equivaleria ao corpo átmico ou atma, uma vez que se trata da *centelha divina* ou essência primordial do ser. "Há no homem três coisas: 1º, o corpo ou ser material análogo aos animais e animado pelo mesmo princípio vital; 2º, a alma ou ser imaterial, Espírito encarnado no corpo; 3º, o laço que prende a alma ao corpo, princípio intermediário entre a matéria e o Espírito" (KARDEC. *O livro dos espíritos*. Op. cit. p. 31, Introdução, item 6). "O homem possui, como propriedade sua, a alma ou Espírito, *centelha divina* que lhe confere o senso moral e um alcance intelectual de que carecem os animais e que é nele o ser principal, que preexiste e sobrevive ao corpo, conservando sua individualidade" (ibidem, p. 375, item 613. Grifo nosso).

[2] Quando se fala que o espírito é uma unidade indivisível e, simultaneamente, estudam-se os diversos corpos de manifestação da individualidade, parece que se está diante de uma incongruência. No entanto, a indivisibilidade do ser refere-se à sua constituição íntima, com a qual

atua no mundo através do pensamento. Essa unidade, nas primeiras manifestações da mônada divina, aprende através das experiências, em contato com a matéria, a despertar os primeiros rudimentos do pensamento. Primeiramente experimenta os impulsos inconscientes, que se assemelham a relâmpagos, ensaiando sua ligação com o mundo das formas, com os fluidos e a natureza.

Passam-se os séculos, e o princípio espiritual continua a aprender no trabalho incessante de contato com o mundo material, elaborando as sensações que o enriquecem para a nova etapa evolutiva. O instinto é desenvolvido, aumentando também o fluxo de pensamento, embora de forma descontínua, como rudimentos de uma vida mental organizada. No homem, entretanto, o pensamento assume uma função mais complexa e contínua, mesmo que alguns hiatos possam, de vez em quando, se perceber em sua vida mental.

Dessa forma, no ser humano cuja mente está mais ou menos organizada, o pensamento surge como vibração da mente. De natureza ainda material, o pensamento ou fluido mental está estruturado na quintessência[3] da ma-

foi criado pela mente do Todo-Poderoso. Os corpos de manifestação da consciência, por sua vez, representam os aparatos necessários para que o mesmo espírito se exprima e atue nas várias dimensões da vida.

[3] *Matéria quintessenciada* ou *quintessência* são termos que foram por muito tempo empregados para falar de uma espécie de matéria muito sutil ou de um fluido bastante depurado, mas ainda não descoberto ou não percebido. Pode-se referir ainda aos elementos além do plano mental ou da matéria mental, para os quais não encontramos analogia ou explicações.

téria, com elementos sutilíssimos elaborados no laboratório íntimo do ser, em seu corpo mental.

Imensamente superior ao fenômeno da luz, o pensamento propaga-se através de ondas, e, considerando-se a vida mental do espírito encarnado, na elaboração do pensamento entram em ação inúmeros fenômenos fisiológicos ainda incompreensíveis para meus irmãos.

As ondas mentais e formas-pensamento são o resultado do ato de pensar. Tais formas-pensamento resultam de uma fixação da matéria mental na atmosfera psíquica. Essa substância mental de ordem superior, da qual é formada essa atmosfera ou psicosfera, impregna todo o universo e compõe igualmente o campo magnético que circunda o espírito encarnado ou desencarnado.

As ondulações provocadas pelo ato de pensar se propagam na atmosfera fluídica com a mesma intensidade da força mental que as gerou. Além de afetar a substância mental, invisível para os meus irmãos e presente em todo o universo, as ondas de pensamento também se propagam em outras dimensões, conforme a intensidade e a vontade do ser que as originou.

A mente humana, ao exsudar o pensamento de forma mais ou menos contínua, mobiliza recursos ainda desconhecidos pela ciência terrena, imprimindo coloração nas formas mentais que idealiza. Essas criações mentais, quando impregnadas de qualidade superior, vibram de uma forma mais intensa, pois que nutridas por elementos imponderáveis da vida mental superior, causando uma repercussão vibratória[4] suave e preciosa no equilí-

[4] É um fenômeno que se relaciona à transmissão de impressões, ima-

brio do corpo psicossomático.

Em uma análise mais profunda do corpo mental, verificamos que também a matéria mental exsudada pelo ser pensante poderá sofrer interferências, alterando o seu teor vibratório, à semelhança das intoxicações verificadas no corpo somático. As intoxicações mentais existem devido à baixa vibração da criatura que guarda afinidade com energias inferiores. Nesses casos, o elemento psíquico daninho, as viciações mentais e os consequentes clichês formados na atmosfera psíquica ganham força à medida que o indivíduo fortalece o pensamento desgovernado e infeliz, que necessitará ser expurgado de sua intimidade.

Os expurgos de formas-pensamento ocorrem em decorrência da necessidade de saneamento das fontes da vida psíquica, e esse é um impositivo natural. Esse fenômeno de higiene mental acontece com a descida vibratória da matéria mental tóxica ou de nível inferior, que se condensa progressivamente. Processo que afeta as várias camadas da aura, perdura até que esse produto da viciação do pensamento seja absorvido pelo sistema nervoso ou haja penetrado na circulação sanguínea. Desse modo, sendo mobilizados os recursos orgânicos, comprometem-se notadamente os sistemas linfático e endócrino.

Surgem então, na periferia orgânica,[5] as enfermidades classificadas pela medicina humana como alergias, nefrites, eczemas e muitos outros males que, pela sua natureza psíquica, são mais detectáveis nas pessoas que adotam o

gens, sensações entre dois ou mais seres, por processo de afinidade.

[5] Nesta obra o autor espiritual utiliza a expressão *periferia orgânica* como sinônimo de *corpo físico*.

pessimismo, a raiva e a violência em todas as suas formas.

Toda ideia elaborada com vontade persistente produz formas-pensamento que ganham uma vida momentânea, coloração e até mesmo sons que são perceptíveis a qualquer sensitivo mais ou menos treinado. A reencarnação, ou as experiências que o ser eterno é obrigado a vivenciar no mundo físico, tem como objetivo despertar a vida mental do indivíduo, que permanece por longo tempo adormecida, devido à ociosidade espiritual.

Quando a vida mental é despertada pela vontade, adquirida nas lutas milenares pela evolução, o pensamento disciplinado tem um valor indescritível pelo vocabulário humano. No entanto, a vida mental superior só será conquistada à medida que o homem desfizer as algemas que o prendem às forças inferiores das paixões e das sensações puramente materiais.

O espírito liberto da matéria pelo fenômeno da morte física de maneira alguma manifesta poderes mentais superiores se, antes, não os houver conquistado e desenvolvido nas experiências laboriosas em contato com a matéria. É a resistência às dores e aos sofrimentos, às intempéries da existência e às vicissitudes da vida social que forja a vontade firme, disciplinando assim o pensamento para a elaboração de material psíquico superior.

Portanto, tanto para o espírito encarnado como para o desencarnado, o domínio do corpo mental e das criações mentais de natureza sublime é produto da peregrinação na vida material, onde o ser desenvolve o seu senso criador. As conquistas de um corpo mental superior dormitam na intimidade do espírito como produto de esforço individual — jamais são concedidas ao ser como privilégios injustificáveis ou dons imerecidos.

Naturalmente que no mundo espiritual o ser encontra recursos para o desenvolvimento de seu corpo mental e das potencialidades que aí se encontram adormecidas, mas somente na prática, em contato com os problemas cotidianos que a vida material proporciona, é que o ser alcança êxito na elaboração do pensamento organizado, disciplinado e superior.

Tudo que há na Terra, desde o pequeno caule que sustenta a flor às gramas dos jardins terrestres e à mais complexa forma observada no mundo, é produto materializado de pensamentos idealizados pelos prepostos de Jesus. Primeiramente esses espíritos sublimes, engenheiros cósmicos, trabalham seu próprio campo mental, elaborando cada forma-pensamento que deveria se materializar. Em um processo indescritível pelo vocabulário humano e ainda incompreensível pela ciência atual, as formas criadas nas mentes dos Imortais assumem conformação fluídica, astral e etérica, para mais tarde compor, no palco da vida material, as milhares de formas que enriquecem a vida planetária.

Os técnicos da imortalidade, todavia, só puderam materializar seus pensamentos sublimes em trabalho de co-criação porque, antes, experimentaram, nos mundos cujo solo pisaram, as sensações e atividades próprias da vida física. Nas experiências que tiveram nos mundos da imensidade é que ajustaram o pensamento, desenvolveram a vontade disciplinada. O despertamento heroico de seu potencial psíquico forjou-se no cadinho das lutas regeneradoras da vida física.

Apesar de o cérebro ser umas das partes mais complexas e intrigantes do organismo humano, ele não produz o pensamento, à semelhança de certas glândulas, que, por sua vez, segregam hormônios. O cérebro é apenas o continente, a consciência é o conteúdo. Devido à sua consciência, o homem é muito mais importante do que a soma de suas partes. A consciência e o pensamento assumem relevância e superam o papel desempenhado pelo cérebro — veículo que a consciência utiliza para manifestar-se.

15.1
Contaminações fluídicas

A mente viciada e enferma cria sintonia com energias e fluidos densos. Como a matéria mental flui de forma constante do próprio espírito, formam-se, dessa maneira, imagens que, a princípio, assemelham-se a relâmpagos fugazes na tela mental. À medida que o pensamento se repete e o sentimento o fortalece, a imagem mental torna-se cada vez mais densa, agregando em torno de si os fluidos pesados e grosseiros que estão na mesma faixa de sintonia.

A esse exercício mental de criação inferior, realizado constantemente por milhões de mentes em desequilíbrio, juntam-se a energia e o magnetismo de espíritos infelizes que se sintonizam com os encarnados.

A permanência da mente invigilante na sombra do magnetismo inferior faz com que sejam estruturadas formas fluídicas de larvas e vírus, bactérias e miasmas, que infestam as auras dos nossos companheiros encarnados. Materializam-se, por assim dizer, as criações mentais, ou firmam-se mais intensamente os clichês criados pelas mentes invigilantes.

A ação desses parasitas reflete-se nos estados emocionais graves e delicados. O sistema nervoso, como via de ligação mente-corpo, é bombardeado com fluidos mórbidos e mentalizações infelizes que se imantam ao longo da rede delicada de neurônios. Dessa forma está estabelecido o desajuste dos centros de força. O fluido mórbido encontra livre acesso ao mundo orgânico, concentrando-se, por processo de sintonia magnética, no órgão mais sensível, gerando as enfermidades.

Compreendendo o percurso do fluido deletério,[6] das formas-pensamento ou das contaminações fluídicas, podem os meus irmãos entender a razão de insistirmos na elevação do padrão vibracional, o que se consegue através de posturas íntimas corretas, da manutenção de emoções sadias, da reforma interior e do otimismo. Da mesma forma que os fluidos se adensam em torno das criações mentais infelizes, os fluidos mais sutis envolvem a matéria mental superior, os pensamentos nobres e elevados, os sentimentos e emoções saudáveis.

Quando os meus irmãos encontram-se contaminados fluidicamente, com as auras povoadas de fluidos e criações mentais nocivas, é necessária a terapia energética ou *fluidoterapia* para dispersar as energias densas. Os canais de energia, os centros de força ou chacras e toda a

[6] O codificador do espiritismo aborda a natureza e as propriedades dos fluidos detidamente (KARDEC. *A gênese*... Op. cit. p. 348-391, cap. 14).

organização psicossomática necessitam ser liberados da matéria mental mais densa ou dos vírus, larvas e bactérias astrais, através de terapia adequada.

A saúde do corpo espiritual só é restabelecida plenamente com a vivência dos estados superiores da alma, o desenvolvimento de posturas íntimas e pensamentos equilibrados. A soma dos fatores mentais e emotivos de ordem superior determina o equilíbrio integral.

Em sua vida social o homem acostuma-se ao automatismo e à velocidade das realizações e conquistas. Suas experiências são superficiais e cada vez menos comprometidas com a realização interior e com o amor, que deve reger as relações de toda ordem. Dessa forma, despreocupa-se das questões de ordem transcendente e vicia o pensamento e os sentimentos; cria situações infelizes, gerando um panorama psíquico favorável à contaminação de suas fontes interiores.

O convite oportuno da doutrina espírita é para que o homem desperte para uma visão mais ampla de si e do mundo que o envolve e no qual está inserido, num processo consciente de evolução. Trabalhando sob a nova visão, mais ampla, mais espiritual, compreenderá a sua responsabilidade para consigo mesmo. Esse despertamento para os valores internos, para a vida espiritual, abrirá um vasto campo de experiência e conhecimento ao espírito. A atuação da força mental, a realidade dos fluidos, a consciência de sua imortalidade desdobrará, ante a visão interna, novos panoramas, novos valores.

Experimentando em si mesmo a realidade dessas energias sutis, o homem poderá sentir-se motivado e impulsionado para as conquistas do espírito. A chamada reforma interior, com a natural mudança de hábitos, pensamentos e sentimentos, fixará novas diretrizes para o ser e fortalecerá as criações mentais superiores.

15.2 *A vida mental e a força da palavra*

Na análise da vida mental, do potencial criador e das atividades do corpo mental, sabemos que toda força desencadeada pela mente pode se revestir de um vocabulário apropriado, que espelhe mais ou menos a qualidade e intensidade da forma-pensamento.

Surge assim a palavra como expressão da vida mental, que se reveste do vocabulário para se manifestar no cotidiano. A palavra escrita ou falada expressa a própria natureza do pensamento criador e produz, pela vibração sonora, as transformações equivalentes à força mental e à qualidade do pensamento que lhe deu origem.

Existem tipos humanos que se revelam pela excentricidade ou pela facilidade e simplicidade com que se utilizam da palavra. Esses irmãos nossos demonstram, pela conversação, as graduações mentais em que se sintonizam e se localizam, quando falamos de um corpo mental ou de uma vida psíquica organizada.

Há indivíduos que, ao se exprimirem pelo vocabulário terreno, pronunciam palavras obscuras, quase rumores, exigindo do ouvinte grande poder de concentração para auscultar o que dizem. Outros produzem vocábulos fluentes, revelando a natureza exata de seus pensamentos. Muitos, ainda, utilizam-se da palavra falada ou escrita expressando sons característicos da ideia pessimista, sensual ou grotesca, podendo, através de uma análise mais profunda, ser classificados quanto à vida mental com a qual guardam afinidade.

Quando a palavra revela o tipo de pensamento inferior do indivíduo, pode-se facilmente observar que ação a força mental desencadeia na vida da pessoa. As palavras que expressam violência, irreflexões ou nervosismo intensificam os fluidos ambientes, produzindo peso específico. O fluido que movimentam será de natureza mais grosseira e densa, o que poderá se transformar em alimento inferior para as inteligências infelizes dos vampiros espirituais.

A tessitura delicada do psicossoma se ressente intensamente quando a pessoa transforma o pensamento turbulento em palavras carregadas de emoções fortes. Essa turbulência mental se faz sentir na fisiologia do corpo espiritual e no duplo etérico, causando as sensações desagradáveis tão comumente observadas nas pessoas coléricas e nervosas. A energia mental adulterada das conversações descontroladas e das palavras irrefletidas concentra-se nos plexos nervosos através dos chacras, afetando o organismo e produzindo resultados indesejáveis para as relações pessoais.

O pensamento está intimamente ligado à ação da energia sobre a matéria. Como condensação das energias, a matéria se manifesta vibratoriamente de várias formas e em variados campos da vida universal, o que equivale a dizer, em várias dimensões.

Desde que a energia mental surja ativada ou acionada pela palavra, ela age com mais intensidade tanto no campo etéreo quanto no campo emocional das criaturas. Quando a palavra se reveste, então, de força emocional, aumentando a sua ação, excita de certa forma o campo mental daquele que ouve, e, por repercussão vibratória, a outra pessoa acaba por sofrer-lhe as consequências. Atuando intensamente no campo emocional e no sistema nervoso das pessoas, o uso profícuo da palavra reveste-se de importância vital para o equilíbrio dos seres.

Sob essa visão podemos entender a necessidade da educação do pensamento, das palavras e dos sentimentos. Tais elementos, oriundos do mundo oculto da vida mental, representam a força maior de que o ser dispõe. Com ela, cria ou destrói, eleva ou rebaixa-se, formando campos de elevação ou de depressão magnética na atmosfera que o circunda.

A ação transformadora da palavra como manifestação do mundo mental se faz sentir nos campos imponderáveis da alma, podendo densificar as formas-pensamento infelizes ou felizes.

Quando a palavra revela uma frequência de pensamento inferior e negativo, poderá condensar muitos vírus, larvas e vibriões psíquicos, cuja existência é própria do plano astral. Com as vibrações magnéticas grosseiras despertadas pela palavra e pelo pensamento indisciplinado, o campo biológico se ressente. Ingressam nele, pelo magnetismo primário despertado, as coletividades de milhares de formas-pensamento daninhas, amplamente destruidoras; materializam-se, criando estados enfermiços, conforme o seu peso específico e a sintonia despertada. De origem desconhecida pelos médicos da Terra e de difícil identificação pelos métodos convencionais, explicam a gênese de diversos desequilíbrios psicossomáticos. As criações mentais desequilibradas acabam por atrair, enfim, bactérias nocivas, que encontram vasto campo de atuação na intimidade do corpo somático.

A palavra, quando mal conduzida ou pronunciada, gerada de forma consciente ou premeditada, atinge as pessoas exatamente na medida da sintonia que estas oferecem, em razão dos desequilíbrios de que são portadoras. O tipo de energia despertada pela força do verbo poderá elevar e impulsionar o ser humano às culminâncias do processo evolutivo; mas também, influindo nos agentes mórbidos astralinos, poderá propiciar um contato mais profundo desses elementos com a aura humana, trazendo consequências indesejáveis para o ser.

Eis, meus irmãos, o porquê de falarmos constantemente da ação pacificadora do Evangelho para as energias da alma. O Evangelho, quando vivido, é fonte sublime de luz, que transforma a vida mental dos seres e manifesta-se tanto na palavra como na ação.

A palavra é força criadora, revestindo-se de matéria sutil, quando expressa o pensamento equilibrado. Cresce assim a responsabilidade de todos quanto à utilização do verbo. A palavra sempre conduz algo de particular da pessoa, revelando a sua característica individual. O verbo é o resultado do impulso centrífugo do pensamento, que tenta adquirir a condição mental de plena liberdade. O pensamento é a fonte; a palavra, o meio de que a energia psíquica se utiliza para expressar-se no mundo.

15.3
Campo quântico

Os planos superiores da vida podem ser comparados àquilo que os modernos cientistas designam de *campo quântico*. Nessa dimensão, onde a mente predomina além das formas concebidas pela imaginação humana, a noção de materialidade não tem sentido, quando se considera o conceito de matéria desenvolvido pelos meus irmãos encarnados.

É nessa dimensão quântica, onde o corpo mental se manifesta, que o espírito puro ou despido dos corpos mais densos pode engendrar as criações mentais superiores. A partir de uma flutuação quântica ou de um estado em que a energia mental se transforma em matéria *psi*, têm lugar as ideoplastias, as formações de clichês, formas-pensamento ou simplesmente ideias.

Quando o espírito concentra a sua vontade nesse oceano de potências mentais, provoca o aparecimento de partículas *psi*, que chamamos de átomos mentais. Essa partícula, produto da criação mental superior, não se encontra sujeita às variações da dimensão espaço-tempo.

Nesse aspecto mental, é bom definirmos imaterialidade como sendo uma forma de existência diferente de tudo o que meus irmãos conhecem dentro dos conceitos relativos de materialidade. Essa imaterialidade das partículas elementais do campo quântico assemelha-se ao estado em que se encontram os chacras, órgãos imateriais do duplo etérico, já conhecidos dos irmãos espiritualistas.

As ideias concebidas nessa dimensão mental nem sempre são percebidas conscientemente pelo ser no período compreendido entre o berço e o túmulo. Milhões de ideias, de pensamentos e formas mentais são concebidos ininterruptamente pela mente, mas somente uma parcela muitíssimo pequena é percebida ou desce vibratoriamente ao campo consciente.

Também ocorre que os pensamentos formados na dimensão mental — ou campo quântico — interagem com formas-pensamento e ideias concebidas por outros seres. Todos os indivíduos das diversas dimensões da vida emitem constantemente ondas mentais, que compõem a psicosfera do planeta. Essa energia mental, que diariamente é emitida das mentes de encarnados e desencarnados, circula permanentemente no campo magnético planetário e pode, inclusive, ser sintonizada pelos habitantes do mundo.

De acordo com os valores morais adquiridos pelo espírito durante o seu ciclo evolutivo, as ondas mentais por ele emitidas poderão ser ou não elevadas. As correntes de pensamento superiores poderão ser acessadas por aqueles que buscam as ideias altruístas e se elevam a serviço do bem comum.

Correntes de pensamento que são percebidas por sensitivos e médiuns às vezes são confundidas com manifestações espirituais. Na realidade, são apenas oscilações do campo primordial, onde enxameiam formas mentais, que são sintonizadas pelas pessoas mais sensíveis. Não são direcionadas a determinadas pessoas, mas podem ser, e são permanentemente percebidas indistintamente, dependendo da maior ou menor facilidade dos seres em atingir um estado superior de consciência.

As correntes de pensamento podem ser acessadas

quando o ser humano entra em estado alterado de consciência ou em transe. É nesse estado mental que o ser vive antecipadamente a vida do espírito livre. É também em estado alterado que a consciência se sintoniza com inteligências mais ou menos esclarecidas, o que varia em razão da dimensão mental na qual se fixa o ser.

Capítulo 16

Elementais artificiais e naturais

Ao se falar em criações mentais, contaminações fluídicas e formas-pensamento, não poderíamos deixar de abordar um tema tão importante como a atuação de elementais em vários aspectos da vida psíquica. Esses seres são muitas vezes contatados pelos médiuns e sensitivos de todas as épocas e têm um papel preponderante na vida dos seres pensantes. Muitas vezes, encontra-se na gênese de certos problemas a atuação de forças elementais artificiais ou naturais, que podem ser confundidas com entidades pensantes do reino humano.

Durante certos períodos da história do homem na Terra, o mundo conheceu a atuação de magos do pensamento, cientistas da mente ou magos negros. Principalmente na época recuada da Atlântida, do Egito e da Mesopotâmia, certas forças ocultas foram manipuladas no mundo com objetivos contrários ao progresso. Ainda na atualidade se conhecem certas lendas e contos relativos a maldições em lugares considerados sagrados. Essas antigas maldições, que na realidade são o produto da manipulação de certos elementais, causaram grande comoção nos meios científicos e no mundo esotérico-religioso, devido ao desconhecimento a respeito do assunto.

A matéria mental, ao ser exsudada da mente, interage com o meio ou atmosfera psíquica, atraindo para si elementos imponderáveis. A princípio, a mente humana cria formas mais ou menos permanentes, de acordo com o conteúdo emocional e volitivo. Essas criações manifestam-se como vibrações radiantes, semelhantes a relâmpagos, fugazes. Após se envolverem na matéria mental mais densa e, depois, nos fluidos do mundo astral, o elemental artificial passa a ter uma vida aparente, não própria, pois que é mantido por pensamentos e emoções externas a ele. Tais formas primitivas poderão, com o tempo, ser atraídas ou enviadas, por uma mente experiente, em direção a determinado alvo ou objetivo. Se a pessoa alvo estiver em sintonia, devido a pensamentos ou emoções do mesmo teor que mantém o elemental, absorverá seu conteúdo. Aumenta assim a cota de energia, de caráter nocivo ou positivo, conforme o conteúdo armazenado na própria substância do ser mental.

Sendo uma criação de qualidade positiva, como ocorre nas reuniões de cura e irradiações, a pessoa alvo aumentará sua vibração mental ou emotiva, suavizando-se ou fortalecendo-se também de acordo com o conteúdo da criação elemental com que estabelece sintonia.

Os elementais podem ser constituídos tanto de matéria mental quanto de matéria astral, mais densa. O elemental artificial portador de certa cota de magnetismo pode ser percebido pelos homens de várias formas, dependendo da maneira como interage no organismo humano e da sua ação daninha ou benéfica.

Quando é constituído de matéria astral, etérica — inalado durante a respiração —, atinge o sistema vital humano. Absorve a vitalidade, produzindo sensação de perda de energia, tontura, mal-estar.

Nas ocasiões em que o elemental é elaborado a partir de matéria puramente mental, é absorvido pelas células sutis do sistema nervoso e interfere nas atividades cerebrais:

- Provoca desequilíbrios do pensamento, intensificando dificuldades de concentração e favorecendo estados mórbidos de alteração da consciência.
- A vontade é enfraquecida, e o indivíduo passa a ter dificuldades de encontrar a própria identidade. Aparece a tendência a mimetizar aqueles que estão em maior evidência.
- Ocorrem com maior facilidade tendências ao monoideísmo e à criação de clichês mentais de conteúdo emocional forte e estressante.
- Com grande intensidade, ocorrem pensamentos e sonhos ou pesadelos recorrentes.
- Há irritabilidade, nervosismo e inquietude sem causa aparente ou devido a questões normais do cotidiano.
- Ocorrem alterações e oscilações no sistema nervoso, com estados alternados entre apatia e euforia.

Nos momentos em que o elemental penetra o organismo humano através do plexo solar, interfere nas emoções de uma forma mais intensa e nociva, provocando:

- estados de angústia sem causas plausíveis;
- depressão prolongada e persistente;

- medo indefinido;
- sensação forte e recorrente de solidão com consequente somatização;
- desespero;
- raiva e ódio que se manifestam sem causa aparente.

A absorção desses elementais ocorre de acordo com a sintonia do indivíduo e seu campo mental e emocional, que já se encontra estruturado na intimidade, aguardando momento propício para eclodir. Dessa forma, torna-se compreensível que a contaminação seja algo que ocorra de maneira mais fácil devido à sintonia; porém, o livramento da ação perniciosa é mais complexo. Como os elementais artificiais são alimentados por pensamentos e emoções do seu hospedeiro, há de se compreender quanto é difícil para os encarnados livrarem-se da influência deles. Naturalmente que a terapia espírita oferece recursos valiosos para o tratamento desses casos delicados. Entretanto, desconhecemos qualquer situação em que o hospedeiro alcance melhora sem esforços e sem reeducação da mente e das emoções.

16.1 *Elementais naturais*

Chamamos assim aqueles seres mais conhecidos como *espíritos da natureza*.[1] São princípios inteligentes em

[1] Cf. "Ação dos espíritos nos fenômenos da natureza". In: KARDEC. *O livro*

processo de individualização e despertamento da consciência. Os seres que estagiaram por longos períodos nos reinos da natureza que antecedem o tronco humano, mas que ainda não tiveram ingresso, pela reencarnação, na humanidade, se agrupam de acordo com suas afinidades. São elementais porque estruturam uma espécie de corpo ectoplásmico, de natureza híbrida, com elementos da dimensão mental. Trazem na aparência certa semelhança com o ser humano, porém guardam traços muito estreitos com o elemento natural com o qual estão associados.

Esses seres não têm consciência e noções de moral, ética ou razão. Estão em fase de aprendizado no grande laboratório da natureza, ensaiando nas experiências que antecedem o seu ingresso na fase humana. Essa primeira oportunidade de experienciar a realidade humana não ocorre na Terra. Para esses ensaios dos seres elementais no reino dos homens, existem mundos apropriados, já que terão de passar por uma elaboração do princípio inteligente, de suas formas e roupagens fluídicas e mentais e, naturalmente, pelo despertamento da razão. Coordenando esse processo delicado de transição, encontra-se Jesus. Esses seres acordarão um dia sob a presença do Mestre — e somente dele —, que os auxiliará na posse da razão, evento que selará definitivamente seu ingresso no reino humano.

Até que ocorra esse avanço evolutivo, os elementais permanecem vinculados aos elementos naturais, como matas, cachoeiras, mares e outros reinos, sempre conduzidos pelas mãos sábias de entidades mais esclarecidas.

dos espíritos. Op. cit. p. 337-340, itens 536-540.

Nos fenômenos naturais, milhões e milhões de seres participam como elementos divinos a serviço do progresso do mundo.

Contudo, apesar de sua destinação na escala evolutiva, tais seres muitas vezes são manipulados por espíritos conhecedores de certas leis do mundo invisível, os quais os transformam em escravos seus, criando um vínculo magnético intenso. Tais ligações entre os magos do mundo oculto e os elementais podem perdurar durante séculos e séculos, transferindo-se para o futuro a resolução dos problemas criados nesse conluio mental. Escravos da vontade alheia, muitos desses seres são utilizados em processos obsessivos, aumentando instintos e paixões, vícios e compulsões através da conhecida e assim denominada magia negra.

Os especialistas na manipulação do magnetismo e dos elementos astrais podem influenciar de tal forma certos elementais que estes passam a obedecer-lhes cegamente, já que não possuem conhecimento ético ou moral que imponha limites a sua ação.

Muitos processos enfermiços encontrados no dia a dia, principalmente daqueles que vêm à casa espírita, têm sua gênese na atuação de elementais naturais ou artificiais que se encontram imantados à delicada tessitura dos corpos energéticos de tais pessoas. Consideramos de imensa importância para os modernos terapeutas do espírito — os médiuns — estudarem mais a respeito da existência e da atuação desses seres.

16.2
Outros elementos do plano astral

As mentes enfermiças e acostumadas com as ideoplastias de longa duração, como ocorre nos casos de monoideísmo, criam elementos mais ou menos duradouros no plano astral. Pensamentos de forte conteúdo sensual e erótico, imagens de pessoas, seres e coisas plasmadas pela permanência da mente em criações de vibração barôntica ganham forte conteúdo vital. Devido à sintonia dessas criações com os planos e dimensões mais próximas à Crosta, forma-se uma espécie de camada de matéria etérica, ectoplásmica e astralina em torno da ideia original. A persistência nessas criações faz com que estas se movimentem, atuem e permaneçam nas imediações da atmosfera mental que as gerou.

Com o tempo, tais criações, desprovidas de vontade própria, porém detendo imensa vitalidade, podem ser utilizadas por consciências extrafísicas a fim de dar suporte a seus planos de maldade. Algumas filosofias espiritualistas sugerem o nome de *cascões* ou *sombras* a essas criações prenhes de vitalidade. O nome justifica-se devido ao fato de que são apenas matéria vital, etérica ou ectoplásmica, sem o elemento espiritual consciente. Vazias de consciência, sem espírito que as anime, essas formas vagam muitas vezes em torno de ambientes e pessoas que as mantêm ativas com seus pensamentos recorrentes em situações e vibrações inferiores.

Entidades de força mental vigorosa podem fazer uso dos chamados cascões como robôs de sua vontade, os quais obedecem às manipulações magnéticas infelizes. É o que ocorre nas ocasiões em que os sensitivos percebem presenças extrafísicas em algum momento do transe, mas não conseguem detectar nenhuma vibração emocional e nenhum pensamento se irradiando dessas mesmas presenças. Isso acontece porque não são espíritos, consciências extracorpóreas. Aliás, não possuem consciência. São criações mentais impregnadas de vitalidade, mas destituídas de pensamento e emoções próprias. São enviadas como marionetes às reuniões mediúnicas, ou simplesmente utilizadas como formas de manipulação mental, à distância. Quando o médium não conhece com quem ou com o que está tratando, costuma deixar-se envolver por uma pseudoincorporação, atraindo para si toda a carga mental que está acumulada no elemental artificial.

Conhecemos casos de indivíduos, cuja posição era importante para o progresso do mundo, que sofreram manipulação magnética. Espíritos experientes em tecnologia extrafísica utilizam-se de muitos elementos artificiais criados pela mente humana como vestimenta para sua invenção tecnológica.

Muitos irmãos nossos do movimento espiritualista ainda pensam que, do lado de cá da vida, permanecemos como entidades aéreas ou voláteis, levando uma vida de sonhos, esvoaçando como nuvens que desfilam entre os humanos mortais. A realidade é bem outra. Um mundo todo cheio de vida, criações, tecnologia, universidades, laboratórios e um manancial inesgotável de fluidos estão à disposição das mentes libertas da carne. Assim como na Terra a tecnologia cresce a cada dia diante do gênio inventivo dos homens de ciência, do lado de cá, além da matéria, no mundo das causas, temos também a nossa ciência. Em comparação com o momento da vida na Terra, podemos afirmar que nossa tecnologia está mais ou menos 500 anos à frente daquelas que são consideradas modernas descobertas científicas por meus irmãos.

Com esse manancial de recursos à disposição de mentes experientes, deles também se utilizam aquelas almas endurecidas, ou cujos propósitos não se encontram em sintonia com a necessidade de evolução.

Como na Crosta, imensa rede de laboratórios, no mundo invisível, atua como base de pesquisa para a mente inventiva e criativa do espírito. Fluidos e energias obedecem livremente ao pensamento, que flui mais livre na esfera em que nos encontramos. Aparelhos são criados para facilitar a tarefa de imensas legiões de seres que vivem, trabalham e se movimentam nas dimensões próximas à Crosta. Somente nos mundos mentais, ou nas dimensões além da dimensão astral, tais aparelhos são dispensáveis. Mas nos planos próximos ao mundo físico todo um aparato tecnológico é utilizado, de acordo com a necessidade, capacidade de entendimento e recursos mentais dos espíritos.

Dentro dessa visão é que é possível entender que espíritos cientes de sua capacidade de manipulação mental, conhecedores profundos de certos mecanismos tecnológicos, utilizam aparelhos e os fixam nos elementais criados pela mente do homem terrestre. Consideram que, se a mente humana já formou o escafandro vazio de sentimentos, porém rico de vitalidade, podem utilizá-lo como roupagem para seus experimentos e invenções. Como tais elementos vagam em torno da psicosfera de muitos ambientes ou próximos de algumas pessoas, são, simplesmente, aproveitados por espíritos com inteligência arguta.

Entretanto, é bom que se considere que as energias nocivas resultantes de cúmulos energéticos elementais só atingem aqueles em cujo campo magnético, emotivo e mental houver material capaz de responder vibratoriamente. Ou seja, aqueles em que houver sintonia.

Também ocorre o contrário. Espíritos mais esclarecidos e conscientes de sua ação no bem aproveitam os elementais criados artificialmente, porém com conteúdo energético positivo. As mentalizações e ideoplastias realizadas em reuniões específicas ou através de irradiações individuais também poderão formar elementos cheios de energias benéficas, que serão utilizados pelas equipes socorristas do lado de cá da vida.

Quando são criados um clima saudável, hábitos de oração e auxílio ao próximo e quando o ambiente fica impregnado desse energismo superior, são estruturadas formas fluídicas de duração tão permanente quanto mais intensas, salutares e persistentes forem as irradiações mentais que as geraram. Nesses casos, tais elementos, que pairam em volta da atmosfera psíquica, são também manipulados e deles se extrai o conteúdo emotivo, sentimental ou mental que os gerou. Tais conteúdos podem ser sabiamente aproveitados pelos técnicos do mundo espiritual para auxílio a encarnados e desencarnados.

Um ambiente cuja aura esteja intensa de bondade, amor, pensamentos alegres, emoções sadias, otimismo e altruísmo é certamente povoado por tais recursos mentais, criações e elementais que podem ser aproveitados integralmente em benefício geral.

Acreditamos que com o tempo meus irmãos poderão pesquisar a respeito de muitas coisas que ocorrem nas dimensões extrafísicas. Há falta de verdadeiros cientistas do espírito, de pesquisadores que possam ampliar as fronteiras já desbravadas do mundo imponderável. Por ora, fica aqui a nossa pequena contribuição, para estímulo daqueles que se deixam apaixonar pela realidade do mundo oculto, dedicando-se a estudos mais amplos.

Capítulo 17

Os chacras

VÓRTICES DE ENERGIA

Para se compreender a existência dos órgãos semimateriais denominados chacras, é preciso que a visão humana transcenda os conceitos estabelecidos no mundo a respeito da matéria.

Muita gente acostumada às pesquisas científicas costuma duvidar da existência de outras formas de manifestação da vida ou de outras dimensões onde vibra a matéria. Normalmente, procuram dentro dos padrões observados no mundo a presença de outras formas de vida em outros mundos e mesmo na própria Terra.

A manifestação da vida universal desafia as concepções dos cientistas de todas as épocas, simplesmente porque a ciência humana, sempre em ascensão, não permanece muitos anos com os mesmos conceitos, em vista de novas descobertas que se fazem.

Muitos segredos da vida espiritual e universal poderiam ser melhor compreendidos se os cientistas da Terra dedicassem mais atenção e pesquisas àquilo que denominam de antimatéria, entre outros aspectos. Assim, os próprios irmãos espíritas poderiam ter mais elementos para a explicação da existência desses órgãos imateriais ou de uma vida material diferente dos padrões habituais observados.

Segundo as modernas descobertas da ciência — mais precisamente na área da física, com a teoria quântica relativista de campos —, o mundo material e todos os seus fenômenos têm sua realidade no mundo imponderável, que é denominado *campo quântico*.

A base de todo o universo é imaterial. Localiza-se, portanto, além das teorias tantas vezes apresentadas por céticos e cientistas desesperados, que buscam uma teoria definitiva para satisfazer a sua ansiedade por algo palpável.

O ser imortal se reveste de um campo eletromagnético biopositivo onde se processam as transferências, as transformações e onde se dá a própria existência de energias ou campos vibratórios. O psicossoma é exatamente esse campo primordial, que age em sintonia com o campo quântico ou a dimensão mental. É ela que preside e define o campo eletromagnético semimaterial do psicossoma; é ela que coordena todas as linhas de força, que agem diretamente no corpo físico através dos filamentos nervosos do cérebro humano.

As flutuações observadas na superfície do psicossoma são o reflexo das atividades dos chacras. Sua presença é perfeitamente concebível, compreensível, embora, por enquanto, não seja detectada pela tecnologia humana. De modo análogo, flutuações energéticas de dimensão superior são concebidas por fórmulas matemáticas, ainda que, neste momento, não haja instrumentos para observações diretas do campo quântico.

Essas flutuações magnéticas do psicossoma ou dos chacras, tanto quanto do duplo etérico, variam em sua estrutura íntima de tal maneira que se mantêm dinâmicas permanentemente. Assim como a ciência formulou a lei que define a força de acoplagem eletromagnética, representando a circulação dos elétrons de um átomo para outro, também podemos formular a lei da acoplagem quântica, que reflete o *quantum* elementar de energias que é transferido de um chacra para outro ou dos chacras para as glândulas que lhes estão subordinadas. Podemos dizer que a *quantidade de energia* capaz de produzir uma ação perceptível nos chacras está em razão direta da *força de vontade* empregada na transferência energética somada ao *sentimento* ou *emoção* que impregna essa mesma vontade.

$$\boldsymbol{E = vs}\text{, onde:}$$

E = energia
v = vontade
s = sentimento

Dessa forma, entende-se que toda ação da mente, quando associada a um sentimento intenso ou emoção mais forte, é capaz de produzir transferências extremas de energia, que poderão ser percebidas pelos meus irmãos. Essa troca energética poderá ou não ser somatizada ou manifestar-se nas variações emocionais que surgem a todo momento no cotidiano de meus irmãos.

Esses órgãos imateriais, que têm sua existência nesse campo imaterial, influem no próprio comportamento humano, segundo a sua vitalidade ou o seu funcionamento.

Eis o momento de repensarmos a atuação dos chacras no contexto psicofísico do ser humano. Deixando de lado os detalhes técnicos, já discutidos e pesquisados pelas escolas espiritualistas, tentaremos uma abordagem diferente.

As chamadas rodas de energia, ou flutuações quânticas dos corpos espirituais, têm um papel importante não somente no que se refere à saúde física do indivíduo, como também no seu comportamento. Podemos falar a respeito de fatores psicológicos ou comportamentais associados a este ou àquele chacra. Sob essa ótica, é precioso para os nossos estudos definirmos o papel de cada órgão imaterial, porém real, aos quais estamos associando esse fator de comportamento. Ao abordarmos a atuação dos vórtices energéticos no campo da psicologia, estaremos também ampliando a relação mente-corpo para além dos já tão conhecidos fluidos e sua dinâmica na manutenção da saúde.

Quando os espíritos, no passado, utilizaram a palavra *fluido*,[1] fizeram-no porque o vocabulário da época não oferecia maiores recursos para que os Imortais manifestassem o seu pensamento de forma mais precisa. Hoje, com o avanço da ciência, da física e de outros ramos do conhecimento, faz-se necessário definirmos melhor o nosso pensamento, utilizando-nos de um vocabulário mais adequado. Eis por que chamamos os chacras de *flutuações quânticas*, que se processam no corpo espiritual

[1] Cf. "Introdução ao estudo da doutrina espírita". Ibidem, p. 18, 22 passim, itens 2 etc.

ou psicossoma, e também em outros campos dimensionais que envolvem a consciência ou espírito.

Quando a ciência da Terra avança além dos conceitos de gravidade (ciência newtoniana) e relatividade geral (ciência einsteiniana) e proclama a teoria das cordas — que propõe a explicação definitiva do universo —, essa mesma ciência descobre e comprova, igualmente, o mundo das vibrações. Nessa chamada teoria definitiva os cientistas abrem campo para o entendimento da existência dos corpos espirituais.

Assim também, as flutuações previstas e detectadas pela teoria das cordas são úteis para que se vislumbre o sistema dos vórtices energéticos. São eles, os chacras, o que denominamos de flutuações quânticas dos corpos que revestem o ser. Entretanto, como não podemos compreender um ser consciente ou espírito destituído de sentimento ou emoção, também temos de atualizar nossos conceitos relativos à existência e influência dos chacras no todo que constitui o ser humano.

Desse modo, compreende-se que o *quantum* energético que o ser absorve ou doa em benefício de outro está também acompanhado de vibrações emotivas ou sentimentais. Ninguém recebe ou processa unicamente energia, sem que esteja impregnada de sentimento. Considerando-se a consciência como sendo o próprio ser, todo o complexo sistema dimensional que o envolve, com as flutuações energéticas, magnéticas, fluídicas ou quânticas, estará sempre acompanhado de fatores emocionais e sentimentais. Sob essa visão, é compreensível o entendimento de que os chacras, como órgãos imateriais, também estão associados aos fatores psicológicos, emocionais e comportamentais do indivíduo.

Um determinado chacra poderá se apresentar estimulado energeticamente ou com determinada depressão magnética. Essas variações no comportamento do chacra definem as mudanças que poderão ocorrer no indivíduo, em seu relacionamento com o mundo e com a vida. Tais alterações no campo bioenergético dos órgãos imateriais poderão afetar todo o sistema orgânico da vida física e também definir a qualidade da vida mental.

Detectar essas variações do *quantum* energético-emocional de cada chacra é especialidade dos espíritos esclarecidos; porém, é perfeitamente possível aos companheiros encarnados. É de importância vital que tais variações sejam detectadas e trabalhadas a fim de que se possa indicar a terapêutica adequada.

Não basta estender as mãos, impondo-as sobre as pessoas, transmitindo-lhes certo *quantum* de energia. É necessário que se saiba qual a necessidade real do indivíduo.

Pessoas que se apresentam com característica energética positiva, ou, segundo a medicina chinesa, com predominância *yang*, naturalmente não se sentirão bem se lhes forem infundidas energias do mesmo teor e intensidade. Tenderão a um estado de euforia ou de saturação. Quando isso ocorre, é comum que a pessoa sinta intensa pressão na cabeça ou nos órgãos genitais.

No caso contrário, quando o indivíduo apresenta um quadro energético emocional com baixa intensidade, vivenciando uma situação a que se pode chamar de depressão magnética — falta de estímulo, de ânimo, de vigor mental ou emocional —, a simples dispersão de suas energias poderá levar a pessoa a um estado de abatimento psicológico ou físico.

Por essa razão e muitas outras semelhantes é que entendemos ser necessário o estudo e o aperfeiçoamento dos métodos utilizados nos centros espíritas ou pelos terapeutas do espírito.

Não vivemos mais na época em que se dizia que o importante era fazer o bem sem olhar a quem. Os tempos mudaram, e a qualidade jamais poderá ser comprometida devido à ignorância. Os modernos terapeutas do espírito, os médiuns curadores ou os curadores psíquicos precisam compreender as nuances da realidade energética. Saber o que, quando, como e a quem fazer é necessário, a fim de que se alcance êxito na terapia empregada.

17.1 *Chacra coronário, o centro da consciência*

Localização: topo da cabeça.
Ligação glandular: pineal.
Expressividade: iluminação espiritual, união com o divino, o eterno, o imutável.

O vórtice denominado coronário é o mais importante de todos os chacras e localiza-se acima do crânio, na área da fontanela anterior ou bregma. Voltado para o alto, permite que o corpo mental se libere do psicossoma. Na verdade, encontra-se além da mente, transcendendo a condição da consciência prisioneira no corpo físico. O despertamento desse centro de força é gradual.

O coronário é responsável pela vivência mais elevada e pela consciência ampla do espírito. Conecta-se às correntes de pensamento superiores que circundam a aura magnética do planeta. Quando apresenta excesso de vitalidade, isto é, quando está desregulado, opera de forma desarmônica e absorve um *quantum* energético superior à sua capacidade de processamento. Invariavelmente, em casos assim, tem seu desempenho prejudicado.

O acúmulo energético produz hiperatividade da glândula pineal e afeta diretamente certas funções cerebrais. Há aumento de atividade mental, o que gera desgaste rápido, embora o indivíduo aparente facilidade para atividades psíquicas. Aquele que apresenta acúmulo energético nesse órgão semimaterial poderá apresentar-se como um ser agitado em seus relacionamentos, fato que ocorre devido à dificuldade em metabolizar a quantidade de energia que flui pelos elementos sutilíssimos do coronário.

Há um colapso das atividades superiores, apesar de uma aparente atividade mental. As conexões do chacra com a mente, que produz matéria mental ininterruptamente, são exigidas ao extremo de sua capacidade, congestionando o fluxo de vitalidade que é processado através do chacra.

O coronário está ligado à ação do chacra básico, por lhe receber as energias e transformá-las em atividade superior. Quando está congestionado, com excesso de vitalidade, o indivíduo poderá sentir pressão na cabeça e sensações de dor, provocadas pelo acúmulo vital. Quadro que representa fator emergencial, requer urgentemente uma ação de dispersão magnética, com vistas ao retorno das atividades normais do vórtice energético. O centro cerebral não dá conta de metabolizar os elementos mentais que fluem pelo chacra, causando uma espécie de descarga energética nos neurônios.

Em sentido oposto, quando o coronário apresenta-se desvitalizado, opera de maneira igualmente irregular.

O ser humano carece de uma cota de energia psíquica, que é extraída ininterruptamente do grande oceano de vibrações mentais que preenche todo o universo. O próprio hálito divino, expresso pelo fluido cósmico, abastece os seres de vitalidade e mantém a ligação permanente do homem com o seu criador e com todas as criaturas.

Quando o coronário não absorve esse elemento de acordo com as necessidades mínimas de manutenção da vida mental do indivíduo, há prejuízo para o ser. O homem que sofre esse tipo de hipoatividade do centro coronário sente dificuldade para realizar elaborações mentais e atividades psíquicas e encontra grande dificuldade de concentração. Normalmente, observa-se também uma tendência para o sono descontrolado. Em momentos que exigem concentração e atenção, a pessoa costuma sentir intenso sono e dificuldade em manter a mente alerta.

É fundamental diagnosticar o estado energético peculiar a cada um, para que se empregue a terapia adequada à necessidade do indivíduo.

Naqueles indivíduos que se caracterizam por manter atividades mentais mais intensas e que têm facilidade em expressar com clareza o pensamento, o coronário sobrepõe-se aos demais chacras. Sua atividade torna-se muito mais intensa que a de outros centros energéticos. Isso não quer dizer que a pessoa seja mais ou menos evoluída que os outros; no entanto, possui capacidade para elaborações mentais e para o desenvolvimento de pensamentos mais complexos, bem como para soluções de problemas mais intricados. Observa-se também, em muitos de meus irmãos nos quais o centro coronário predomina, a facilidade de se conectar com as correntes de pensamento superiores.

Mas não podemos nos enganar pensando que a predominância de determinado centro energético no indivíduo possa ser uma característica permanente. Não é assim que se processa. Costumamos observar que, em algum momento da vida da pessoa, ela está sob a influência energética mais intensa deste ou daquele chacra; em outro momento, ela sente a predominância de outro. É importante compreender esse aspecto para se obter uma visão mais ampla das atitudes do indivíduo, de seu comportamento diante da vida e da própria dinâmica do ser diante dos desafios da vida espiritual ou social. Compreender a função de cada órgão energético associado aos fatores psicológicos e comportamentais do ser poderá influir na forma como trataremos cada criatura diante das dificuldades que se observam na caminhada evolutiva.

Através do coronário todo o sistema nervoso se conecta à fonte universal da vida. Portanto, também através dele o ser humano se conecta às inteligências extrafísicas de forma mais intensa. Os canais de comunicação com a vida além da matéria são ativados diretamente pelo coronário, uma vez que está ligado à atividade da glândula pineal, órgão psíquico por excelência.

Subordinado ao chacra coronário, o córtex cerebral funciona como uma delicada rede de intercâmbio psíquico, através do qual poderão ser sensibilizadas certas faculdades paranormais e mediúnicas, bem como lembranças arquivadas no arcabouço psicológico. Nos processos de regressão espontânea ou induzida e no acesso aos arquivos do passado mais remoto, é importante estudar a influência do coronário, pois que este chacra guarda estreitas ligações com os registros da memória espiritual. Devidamente estimulado através do magnetismo, poderá acionar os porões da memória, trazendo ao plano consciente os fatos há muito vivenciados pelo ser em sua trajetória milenar.

Mesmo nos processos de regressão de entidades em tratamento nas reuniões de intercâmbio espiritual, o chacra coronário poderá ser acionado através dos médiuns, com a inversão de sua polaridade energética. Esse processo propicia ao espírito em tratamento a revisão de suas posturas, à medida que visualiza todo o seu passado. A inversão do centro coronário poderá ser produzida ao se cruzarem as mãos sobre o córtex, mentalizando pulsos de energia. Após a mentalização, que produz nos fluidos certa agitação e movimento, as mãos deverão descer em direção ao bulbo raquidiano, e assim se desfará a ligação magnética entre o operador e o receptor. Durante o processo de inversão da polaridade magnética do coronário, destrava-se a memória pretérita, de modo a tornar os registros acessíveis ao consciente. Para o retorno da memória ao presente, o procedimento deverá ocorrer em sentido inverso, ou seja, do bulbo em direção ao centro coronário.

Nos casos de regressão da memória do espírito em desajuste, é aconselhável que o terapeuta espiritual que aplica a técnica tenha conhecimento mínimo do processo e já tenha praticado as transferências magnéticas através de passes apropriados. O próprio passe não será eficaz sem o necessário controle mental sobre os fluidos, o que só se obtém com exercícios seguidos. Com o conhecimento relativo ao funcionamento dos chacras e sua influência nos estados psicológicos de encarnados e desencarnados, evita-se que o espírito ou o paciente em tratamento possa se manter indefinidamente ligado ao médium.

Eis um dos casos em que reafirmamos que não basta simplesmente boa vontade, sem conhecimento daquilo que se faz. Intentar o acesso aos arquivos da memória espiritual de encarnados ou desencarnados, sem conhecimento e sem a ajuda de um espírito especializado e esclarecido, será incorrer em erro grave, que poderá resultar em prejuízo mental e emocional para aquele que está sendo tratado.

Muitos médiuns julgam que seus mentores, por serem mentores, tenham plena capacidade de realizar certos procedimentos de magnetismo. É um erro tal pensamento, pois muitos espíritos, embora esclarecidos, não detêm conhecimento específico em determinadas áreas. Portanto, nunca é demais lembrar a necessidade de não se confiar em demasia em espírito algum, sem o embasamento do conhecimento espírita. Existem espíritos que são mais ignorantes do que seus médiuns.

O tratamento induzido por impulsos magnéticos merece maiores estudos por parte de meus irmãos. O funcionamento do centro coronário é muito mais complexo do que se pode imaginar, e a manipulação de elementos sutis com a ativação do centro da memória poderá redundar em prejuízo para aqueles que não estão preparados para tal realização.

O estudo dos centros de força, dos chacras ou dos centros de atividade vital do ser humano poderá lançar muita luz em intricados problemas da vida mental até então diagnosticados, porém mal compreendidos por meus irmãos encarnados.

17.2 *Chacra frontal, o centro da visão interior*

Localização: entre as sobrancelhas.
Expressividade: vigília dos sentidos superiores; clarividência, psicometria.
Ligação glandular: pituitária ou hipófise; coordena as glândulas endócrinas.
Associação: corpo mental superior.

Comparado aos outros chacras, podemos dizer que o frontal tem uma ação muito mais psicológica e de harmonização com a vida que os demais. Embora ligado diretamente ao funcionamento da glândula pituitária, sua atividade relaciona-se com a visão mais ou menos ampla e racional que o homem tem da vida e do mundo que o cerca. Em segundo plano, essa visão pode ser ampliada para outras dimensões da vida. O natural desenvolvimento psíquico culmina no despertamento da sensibilidade para a clarividência.

Quando funciona de forma irregular, absorvendo do coronário uma cota maior de vitalidade além de sua capacidade de transmutação, poderá gerar hiperatividade mental e logo provocar o esgotamento, produzindo apatia e, posteriormente, estresse. Em desequilíbrio, o frontal absorve a vitalidade tanto do coronário quanto do cardíaco, sofrendo acúmulo de atividade, que se traduz por uma espécie de febre mental, produzindo preocupações e despertando no indivíduo um sentido de supervalorização da vida. Essa aparente exuberância dos valores é apenas um excesso de capricho, que poderá dificultar as relações do cotidiano. O aumento de atividade desse chacra pode ser observado nas pessoas que mantêm uma visão mais ampla da vida, decaindo nos excessos de valores e cobranças consigo mesmas e com o próximo. O indivíduo que sofre esse tipo de desequilíbrio energético poderá ter insônia, devido à atividade febril e desordenada desse importante órgão da vida mental. Também poderá ter a impressão de constante pulsação na região da cabeça correspondente ao frontal.

De outro lado, há casos em que o desequilíbrio do frontal se expressa por falta de vitalidade, quando apresenta certa depressão magnética em seu funcionamento. Ocasiona dificuldades de aprendizado e um olhar deturpado sobre a vida e a moral, bem como a falta de bom senso. Embora a hipoatividade da pituitária, que lhe está subordinada, provoque algumas alterações hormonais, o maior desequilíbrio será a dificuldade de autocrítica e embaçamento da visão psíquica. O indivíduo com esse chacra desvitalizado sente dificuldade de entendimento das questões espirituais, dos valores morais e, em geral, por não saber identificar em si mesmo as causas de seus males, sente-se perseguido e acuado diante de certas dificuldades próprias da luta evolutiva.

Porém, naqueles em que a atividade do frontal predomina com relação à dos demais centros energéticos, podemos observar uma facilidade para aliar a razão ao sentimento. É que o frontal une o fluxo de pensamento que se irradia do coronário — representante da mente — ao coração e ao chacra cardíaco, centro diretor dos sentimentos elevados. Portanto, com o funcionamento harmonioso do frontal, o indivíduo que o tem como ponto mais desenvolvido em sua constituição psicofísica apresenta-se mais ponderado em seus julgamentos pessoais. Da mesma maneira, expressa-se com maior exatidão, sem os excessos provocados pela falta de visão interior.

No aspecto psíquico, o ser cuja sensibilidade interior o leva a perceber o mundo extrafísico invariavelmente apresenta o chacra frontal relativamente sensível. Mas não podemos confundir *vidência* com *vivência* — no sentido de experiência —, ou *visão* extrafísica com a *interpretação* daquilo que se vê, que é obra de outro importante centro energético. Muitos médiuns e sensitivos dizem ver e conviver com os Imortais e com ambientes do mundo além das fronteiras da matéria; no entanto, interpretam o que veem e vivenciam de acordo com seus acanhados pontos de vista. É que, neles, a função do chacra frontal está, por assim dizer, mais restrita às questões materiais, sem o despertamento da função psicológica e, portanto, com deficiente visão íntima. Nesses casos, o sensitivo passa a interpretar o mundo extrafísico segundo um ponto de vista material; ele não consegue ver além dos próprios interesses.

É bom identificar a causa do desequilíbrio nesse chacra, a fim de saber empregar o potencial magnético de forma correta. Nos casos em que apresenta excesso de vitalidade, de nada adianta estender as mãos e infundir maior cota de energia vital. Já se apresenta estimulado em excesso, e semelhante procedimento causará intensas dores de cabeça, aumento da sensação de vácuo e de febre mental. Nesses casos, é aconselhável dispersar o acúmulo de energia, identificando em qual outro chacra há deficiência do tônus vital. A seguir, deve-se conduzir para lá o excesso de energia através de passes ordenados, de preferência longitudinais. A manipulação de fluidos de forma indevida poderá causar maiores danos.

Para todo excesso, a dispersão; para toda carência energética, a imposição.

Existem, todavia, outros fatores que deverão ser observados atentamente quanto ao funcionamento do chacra frontal. É que, quando ele absorve demais a vitalidade do coronário, tende a produzir no indivíduo um estado de apatia quanto aos sentimentos. A pessoa tende a ser mais fria, racional e pretensamente lógica e mais inteligente. Portanto, não podemos pretender curar todos os males de quem quer que seja. Muitas características são adquiridas ao longo da caminhada evolutiva em contatos e entrechoques com as experiências do cotidiano, e um simples tratamento energético não poderá modificar as disposições íntimas de ninguém. Pode-se mesmo é criar condições favoráveis para o despertamento da visão psíquica, interior. A mudança de rota, contudo, só será possível através do firme exercício da vontade, expresso em ações concretas por parte do ser.

17.3
Chacra laríngeo, o centro de comunicação

Localização: garganta.
Expressividade: relaciona-se com a expressão transpessoal e o chamado eu superior. Comunicação espiritual e com a vida.
Ligação glandular: tireoide e paratireoide.
Associação: corpo mental inferior.

O chacra laríngeo é o órgão extrafísico responsável pela comunicação com a vida, com o meio. É o fator que rege a expressão do espírito. A função do laríngeo transcende a simples atuação da voz humana e engloba todos os aspectos de relacionamento com a mensagem da vida. Comunicar-se é relacionar-se.

Todo evento no universo guarda uma mensagem, uma ideia expressa através de cada acontecimento. Todas as ocorrências com o ser e em torno dele estão relacionadas com determinada linguagem da vida, não articulada, não escrita. Cabe ao ser humano decifrar a linguagem dos acontecimentos através do chacra laríngeo, pois ele é a ponte entre os corpos mental inferior e emocional. Depende do bom funcionamento do laríngeo a interpretação dos conteúdos mentais e emocionais inseridos nos eventos da vida.

Quando a pessoa está sob a influência desse chacra, geralmente ela é comunicativa, extrovertida e possui maior dinâmica na voz. Nesses casos, o chacra exerce uma influência benfazeja sobre certos princípios ativos do psiquismo, favorecendo uma percepção mais apurada da necessidade de servir a humanidade. Mesmo que o desabrochar de sua atividade ocorra de forma mais plena a partir dos 28 anos da idade física, pessoas há que desde o momento em que tomam consciência de sua individualidade são influenciadas pela ação desse chacra.

Criatividade, energia na palavra, magnetismo verbal e atividade mais ampla na tireoide estão associados como característica das pessoas que têm o chacra laríngeo mais estimulado.

Naqueles indivíduos cuja vitalidade não estimula o chacra laríngeo, é comum observar maior dificuldade de comunicar-se com o mundo e as pessoas em geral. Entendemos comunicação como compreensão da vida, capacidade de interação com o mundo, com as ideias e os seres. Em tais pessoas a voz deixa de ser clara, e frequentemente é necessário grande esforço para compreender as palavras que articulam.

Há também um fato de natureza transpessoal. O indivíduo que não tem o laríngeo vitalizado, que sofre de depressão magnética ou carência de vitalidade nesse chacra, em geral apresenta grande dificuldade em entender o mundo e a mensagem da vida para si próprio. Vive, porém não compreende o porquê dos acontecimentos. O chacra de comunicação encontra-se sem vitalidade, com desempenho comprometido.

Sob a influência direta desse chacra estão os professores, os profissionais de comunicação, os escritores e oradores.

Conforme a sua vitalização ou desvitalização, o ser age ou reage no meio social onde vive. Por suas qualidades de expressão do espírito, o chacra laríngeo participa tanto da vida física quanto da vida e da visão transpessoal.

17.4
Chacra cardíaco, o centro dos sentimentos

Localização: centro do peito, entre o plexo solar e o chacra laríngeo.
Expressividade: entusiasmo pela vida, afetividade, autoamor, sentido do belo, estesia, sensibilidade ante a vida.
Ligação glandular: timo e sistema linfático.

Situado sobre o peito, o chacra cardíaco é um dos mais importantes para a vida espiritual superior. Rege o sentimento e o sentido dinâmico que faz com que o ser humano se envolva em tudo o que realiza. Além disso, concentra em si toda a expressão de entusiasmo, afetividade e envolvimento com o belo na esfera pessoal ou coletiva.

Quando alguém se envolve com qualquer ideia, elege um objetivo ou uma meta para a sua vida, utiliza a vitalidade do chacra cardíaco para sua realização. O sentimento e o sentido de interpretação do belo e do bem advêm dos elementos sutis que a mente extravasa pelo cardíaco. Por isso, ele é sumamente importante no desenvolvimento da estesia, pois sua função é produzir mais sensibilidade na relação com a vida e o mundo.

Contudo, nem todos apresentam esse chacra desenvolvido. Há aqueles que se mantêm em situação de apatia para com tudo e todos ao seu redor. Não se envolvem, não se apaixonam por suas realizações ou pelas alheias. Insensíveis, não conseguem desenvolver um senso estético e, às vezes, nem mesmo noções elementares de harmonia que produz o belo. Nesses indivíduos, o chacra cardíaco encontra-se desvitalizado ou, ainda, não se desenvolveu plenamente.

A expressão do sentimento superior por parte do espírito se dá a partir desse importante órgão extrafísico. Tanto quanto os sentimentos, as noções do sublime e da beleza são conceitos abstratos, por vezes difíceis de ser explicados e compreendidos, assim também a estrutura do chacra cardíaco. Devido ao fato de que sua estrutura dimensional encontra-se na região de transição entre a emoção — chacra umbilical — e a expressão da vida — chacra laríngeo —, seu aspecto íntimo é pouco compreendido por meus irmãos.

Em sua atuação espiritual, esse fulcro energético relaciona-se com a expressão do autoamor e, em decorrência, com o amor por todas as criaturas.

Toda vez que o chacra cardíaco encontra-se vitalizado ou em estado de desenvolvimento, ele atua intimamente associado com o frontal nos processos de despertamento da intuição. Este vórtice — representado pelo terceiro olho dos esoteristas — é responsável pelo aprimoramento da visão interior e é utilizado na captação de certos aspectos da intuição. Enquanto isso, o chacra cardíaco presta a sua contribuição nesse processo através do sentimento de compaixão; ele atua como uma espécie de termômetro, que estabelece parâmetro para a manifestação precisa da intuição, ajustando-a, quando necessário. Ambos os vórtices energéticos são elementos importantes na captação e interpretação de ideias que nascem e procedem dos mundos sutis ou da própria mente. O desenvolvimento da afetividade, do sentimento, dos conceitos de estética são expressões do feminino. Esses aspectos estão relacionados com o cardíaco e, portanto, à conhecida polaridade *yin* da filosofia oriental. Sentimentos são formas de atuação do cardíaco consideradas femininas, passivas, que estão ligadas à intuição.

A força de expressão do coração e do amor é de uma delicadeza tão sutil que se associa à dinâmica da vida sem provocar coerção. O objetivo maior do chacra cardíaco é mostrar a capacidade do ser em permanecer fiel a si mesmo, como indivíduo, deixando-se envolver, vibrar e apaixonar-se pelo outro — a natureza, o ser humano, o cosmo —, sem perder a individualidade.

A ausência de vitalidade no chacra cardíaco ou a falta de seu desenvolvimento produz pessoas pragmáticas, secas, muito racionais ou sem percepção da harmonia e das belezas da vida. Geralmente esses indivíduos tendem a ver a vida e a agir de maneira prática, porém sem conseguir compreender o sentido da compaixão. Quando desejam algo, não visualizam os limites do outro e se manifestam de tal forma que não deixam margem para ser contrariados. Apresentam suas razões, suas convicções e seus motivos de modo peremptório, e costumeiramente não se colocam mental e emocionalmente no lugar do outro.

Insensíveis aos limites alheios, exigem que suas ideias e seus gostos sejam atendidos. Não abdicam de suas ideias e as concretizam, determinados, ignorando a beleza e a simplicidade expressas na vontade do próximo.

O contrário pode suceder naqueles que apresentam extrema vitalidade no chacra cardíaco. Valores excessivos e sentimentos aflorados constituem a forma de vida desses indivíduos. Extremamente sensíveis, sem limites para mostrar seus sentimentos, decepcionam-se constantemente. Muitas vezes têm uma profunda intuição das coisas belas ou desenvolvem uma espécie de sexto sentido que lhes facilita compreender o mundo e o meio em que vivem, avidamente. Entretanto, carecem de senso de limites em sua maneira de agir. Entregam-se ao sentimentalismo exagerado, que, sem o uso da razão, decai. Tais pessoas são imensamente vulneráveis e se deixam magoar muitas vezes e com facilidade, devido àquilo que denominam incompreensão alheia. Sensibilidade exagerada, sofrimento desnecessário.

Nessas pessoas, a carência afetiva geralmente se instala de forma mais ou menos constante, produzindo estado de infelicidade e inconformação quase permanentes. São seres que se encontram frustrados, como se o mundo, as pessoas e a vida não lhe correspondessem o amor que doam.

O chacra cardíaco tem também a função de produzir a fusão com o presente; por isso, ele se localiza, estrategicamente, entre os chacras inferiores — umbilical ou do plexo solar, esplênico e básico — e os superiores: laríngeo, frontal e coronário. Quando está em perfeita sintonia com a vida, esse centro de força extravasa sentimentos e noções equilibradas e sadias, sem decair em sentimentalismo.

O desequilíbrio do cardíaco, seja no excesso ou na falta de vitalidade, acaba por produzir no homem uma espécie de dissociação. Cria-se uma ilusão de realidade e daquilo que se chama felicidade; uma utopia, um sonho ou algo irreal substitui o senso de direção do verdadeiro sentimento de amor. O ser acaba viciado nas próprias ilusões, de maneira muito semelhante ao que ocorre com o uso de drogas, que envenenam e tornam dependente o homem. Podemos dizer com acerto, em casos assim, que são *vícios emocionais*. Todavia, não podemos afirmar que tal viciação dos sentimentos seja o problema original, essencial. Há algo mais profundo por detrás do desajuste energético do chacra cardíaco. É o medo, às vezes inconsciente, de entregar-se à vida e ao amor.

Quanto à forma de expressar-se pelo chacra cardíaco, o amor apresenta os seguintes estágios:

Eros — É o momento em que o chacra cardíaco se relaciona com as vibrações do plexo solar — emoções, desejos — e os interpreta em sintonia com o chacra básico. Dessa associação psicoenergética forma-se a visão do amor restrita ao plano dos desejos, na periferia física. Eros desperta, e o homem vê-se envolvido nas conquistas com base no relacionamento puramente sensual, sexual, físico.

Ágape — É uma forma mais ampla sob a qual o ser expressa seus sentimentos pelo chacra cardíaco. Nesta fase, o homem já admite outra dimensão para seus sentimentos. O chacra cardíaco amplia sua luminosidade de forma a proporcionar uma ação maior de seus raios. Começa a acender no homem a chama do amor pelo próximo.

Spiritus ou ***spiritualis*** — Sob o contexto da realidade cósmica, o chacra cardíaco vibra, então, associando-se à dinâmica do chacra frontal e do coronário. Surge uma forma diferente de experimentar o sentimento que extravasa desse importante centro da vida. O indivíduo passa a se relacionar com a vida, com o cosmos, numa visão mais dilatada, e o seu amor passa a ser muito mais pleno com o universo. Nesse ponto é que se encontram as almas redimidas, que um dia fizeram brilhar sua luz no solo do planeta.

Sob a ótica multifocal, de acordo com a qual tentamos apresentar as funções psicológicas e energéticas dos centros de força, vê-se sua importância nos estados de consciência a que todos aspiramos. Nesse particular, o cardíaco assume um papel fundamental entre os demais fulcros de energia, pois responde por um amplo espectro da atuação do espírito.

O centro cardíaco é igualmente importante nos processos de comunicação mediúnica com os espíritos superiores. É através desse chacra que os Imortais extraem preciosa substância: uma categoria de ectoplasma translúcido, de coloração rosada, utilizado em alguns trabalhos de cura espiritual. Também é através dele, o centro dos sentimentos sublimes, que as venerandas entidades se conectam com seus instrumentos mediúnicos, associando suas vibrações com as deles. O elo estabelecido tem profundas raízes no sentimento, muito mais que no intelecto. Dessa maneira, obtém-se mais força e mais intuição, bem como ação mais ampla das ondas de energia que são transmitidas do plano imponderável do espírito para o mundo das formas.

17.5
Chacra umbilical, o plexo solar e o centro das emoções

Localização: próximo ao umbigo.
Expressividade: assimilação emocional; sensibilidade, sensações de prazer, de paixão pela vida e pelos elementos materiais.
Ligação glandular: sistema digestivo e glândulas suprarrenais.
Associação: corpo astral-emocional.

O chacra umbilical é o centro da vontade, do ego. É responsável pela assimilação das emoções e das experiências, tão necessárias para o despertamento da consciência.

Ligado ao corpo astral ou emocional, esse chacra é especializado na expressão ou no domínio dos instintos e das emoções passionais. Através dele, o ser expressa suas culpas e seus medos, decorrentes de etapas mal vividas no passado.

Embora muitos estudiosos definam o corpo emocional e seus conteúdos, extravasados pelo plexo solar, como algo inferior, discordamos desse conceito. Para nós, todas as emoções são necessárias para o crescimento do indivíduo, desde que vivenciadas na hora certa, adequada.

Nos indivíduos em cujo plexo solar ou chacra umbilical a vitalidade é maior, notamos congestionamento das emoções, que descem vibratoriamente do corpo astral, produzindo descontrole emocional. Além do desequilíbrio, que se manifesta no exagero dos instintos e das emoções, o ser passa a identificar-se com os desejos da personalidade (*persona*), em detrimento das aspirações da alma (*anima*). A ansiedade logo se estabelece na intimidade do ser, e a violência do fator emocional irrompe do íntimo, causando sérios comprometimentos no que se refere ao comportamento do indivíduo. Raiva, ressentimento, mágoa, ciúmes e irritabilidade, aliados à agressividade, são características observadas nos casos de excesso de vitalidade ou congestionamento energético no plexo solar.

Observamos também o inverso, quando o plexo solar se encontra desvitalizado. As pessoas ficam apáticas, não se apaixonam por nada na vida, não têm perspectivas, objetivos nem metas a atingir. Os processos de melancolia, tristeza e depressão fazem o estrago final nas matrizes sutis da mente humana.

Muitos vibram e vivem no mundo sob a sintonia do plexo solar e seus conteúdos emocionais. Por isso mesmo, encontram-se sempre em busca de novidades e não alcançam nada na vida. Às vezes, chegam a possuir objetivos, mas não atingem metas e conquistas reais. Têm grandes ideias, mas falta-lhes o tônus que propicia a realização.

Pelo plexo solar também é possível exsudar uma das espécies de ectoplasma, uma variação do fluido doado nas curas espirituais.

Quando o plexo solar apresenta equilíbrio insatisfatório, o indivíduo permanece vivendo em uma rotina extenuante, encontrando-se ainda incapaz de perceber as mudanças que é necessário realizar. Vive a ilusão da emoção, do astral, através das vibrações desarmônicas do chacra umbilical.

O equilíbrio desse chacra é o que produz a alegria e o entusiasmo de vivenciar as experiências do mundo físico como processo de aprendizado. Outro aspecto psicológico daqueles que vivem sob a influência desse chacra é a vibração que permeia suas relações pessoais, a qual é confundida com sensualidade. São seres que fazem, muitas vezes inconscientemente, um jogo de sedução com os demais. Apreciam, consideravelmente mais, despertar emoções fortes no outro do que vivenciá-las eles próprios. Em casos como esse, é inquestionável a situação de emergência que vivem tais pessoas.

17.6 *Chacra esplênico, o centro da vitalidade*

Localização: região correspondente ao baço.
Expressividade: vitalização, energização, elemento de cura material.
Ligação glandular: baço e pâncreas, associado também à vitalização sanguínea.
Associação: duplo etérico ou corpo vital.

O chacra esplênico corresponde com propriedade ao que se denomina de *transformador vivo*, em alusão ao transformador de tensão elétrica. É responsável pela vitalização do duplo etérico e por seu sistema de distribuição energética, realizado por meio das *nadis*. O esplênico absorve energias do Sol, nutrindo e revitalizando o sistema sanguíneo, através da irrigação das suas células.

Quando o esplênico predomina sobre os demais chacras, em sua ação na vida social do homem, o indivíduo tende a dormir além do período necessário de 8 horas. Comumente se observam pessoas regidas por esse chacra dormindo, com freqüência, em posição fetal. Em geral, o período compreendido entre os 8 e 14 anos de idade é a fase em que o ser está sob a influência preponderante do esplênico. Quando a fase adulta é marcada pela atividade mais intensa desse centro vital, o comportamento do ser poderá estar associado à fuga da realidade. É esse o fator que determina a necessidade de dormir indefinidamente, ou durante um período maior do que 8 horas.

A preponderância do esplênico faz com que o indivíduo esteja sujeito a fantasias e desejos diversos. Enraizados em seu íntimo, eles dificilmente se concretizam, provocando angústia e frustração.

O esplênico influencia os momentos de descoberta da individualidade — não é sem motivo que sua ação é predominante durante a pré-adolescência e a puberdade. É um período delicado, em que o ser necessita estabelecer limites para suas atitudes. A falta de limites, quando observada no adulto, deve ser corrigida. É imperativo para o equilíbrio da criatura que a noção de limite seja conquistada. Do contrário, deve ser imposta, ainda que suave e paulatinamente, com alguma flexibilidade. A rebeldia é outro traço da personalidade que se nota naqueles em que o esplênico sobrepuja os demais chacras. Apreciam que suas posturas sejam respeitadas, mas não se ocupam em respeitar as atitudes do outro com igual dedicação.

O chacra esplênico é um armazenador de energias vitais, necessárias para a vida física. Liga-se de maneira particular ao chacra laríngeo, que é o chacra da expressividade e da comunicação. Os dois centros vitais agem em sintonia, e, quando não estão ligados, devido a um desequilíbrio qualquer, há problemas que reclamam atenção. O indivíduo que sofre tal desajuste vital não consegue se sentir realizado na vida e tem como característica recorrente o abandono de seus projetos e planejamentos, antes mesmo de executá-los. Não obstante, aquele que desenvolve esse centro de energias vitais terá a sua disposição um reservatório inesgotável de fluidos revitalizantes, podendo aplicar seu potencial na dedicação à cura e ao tratamento de enfermidades físicas. São os terapeutas e médiuns curadores.

Intimamente associado aos processos de vampirismo, o esplênico é o local em que as consciências vampirizadoras estabelecem suas ligações, muitas vezes inconscientemente. Dele se extraem os fluidos vitais, sugados por encarnados e desencarnados em processos assim.

Em casos de anemias, leucemias e outras enfermidades que afetam mais intensamente o sistema imunológico, o tratamento do chacra esplênico é de fundamental importância.

Também é preciosa a contribuição do esplênico na produção de recursos para a materialização de medicamentos nas reuniões mediúnicas. Ele extravasa um tipo de ectoplasma de coloração branca e com aspecto de flocos de algodão, extremamente precioso para as entidades conhecedoras do assunto.

Quando está desregulado em suas funções, o esplênico absorve todo tipo de energias do ambiente, sem importar a qualidade delas. É preciso então muita cautela, pois o chacra em desarmonia costuma afetar profundamente o ciclo vital que irriga o duplo etérico. Desse modo, acaba tornando-se armazenador de energias mais densas, às vezes perigosas ou daninhas para a saúde do indivíduo e da comunidade que o cerca.

17.7 *Chacra básico, o centro da energia da vida*

Localização: base da coluna vertebral.
Expressividade: juventude, ilusão, sensualidade, agressividade, cólera, insegurança, violência, materialismo.
Ligação glandular: suprarrenais e gônadas (testículos e ovários).

O chacra básico é o responsável pelo aspecto de solidez que identificamos nos diversos fatores que permeiam a vida no corpo físico. É esse centro vital que possibilita a relação com o mundo das formas, da aparência. Também denominado *chacra raiz,* responde pela facilidade de se relacionar bem com as leis do mundo físico e da vida social. Sob sua atuação o ser humano aprende a conviver com os elementos mais primários da vida, desenvolvendo a vontade e regulando-a, no que concerne ao usufruto dos aspectos materiais do mundo. É o ponto de ligação do ser com a sua identidade social no mundo em que vive.

Como regra, os indivíduos que possuem o chacra raiz mais desenvolvido que os demais apresentam um comportamento violento, causado pela atuação das energias primárias ou devido à insegurança pessoal. Ligam-se aos aspectos mais materiais da vida, em detrimento de qualquer noção de espiritualidade. Consideravelmente identificados com o dinamismo da vida social, extravasam sensualidade e sexualidade. O clima psíquico ordinário que observamos exala erotismo, pois o chacra básico costuma estar em um nível de atividade bem mais intenso que os demais.

É frequente que pessoas mais sensíveis percebam exalar algum odor incômodo daquele que possui este chacra em atuação mais intensa. Na verdade, o que ocorre é uma exsudação mais intensa de ectoplasma, carregado de vibrações animalizadas, produzidas, neste caso, pelo uso indevido das energias do chacra básico. A mesclagem de energias primárias é que determina a percepção olfativa de certos sensitivos, como se algo desagradável emanasse do indivíduo em questão.

Nos casos de vampirismo espiritual, quando as inteligências extrafísicas sugam energias de profundo conteúdo sexual munidas de grande vitalidade animal, elas conectam-se preferencialmente a esse chacra. De maneira regular, há queixas de incômodos na base da coluna, acompanhados de pensamentos recorrentes com amplo conteúdo erótico. Em tais circunstâncias, as energias do básico costumam fluir diretamente para o coronário, irradiando nele todo o seu erotismo acumulado. Imediatamente os pensamentos passam a se sintonizar com os elementos mais materiais da sexualidade. Sonhos, pesadelos e situações recorrentes costumam povoar a vida daquele que está sob a influência do energismo desse centro da vida material.

Outro comportamento muito comum de ser observado nas pessoas que estão sob a ação do básico é a violência — tanto de pensamentos, quanto de atitudes. Em geral, coibido pelas convenções humanas, que inibem comportamentos sociais violentos, o indivíduo costuma fazer uso de palavras com profundo teor de raiva, rancor, cólera e violência — mental, verbal ou interpretativa (quando se interpretam com violência as atitudes alheias). O energismo primário do chacra básico é, então, acionado, e é despejado sobre a vítima um raio de vitalidade intenso, de qualidade barôntica. O processo é imediato, e o alvo das vibrações destrutivas logo se ressente. Isso ocorre porque as energias do chacra básico entram em sintonia com os mesmos processos do mundo físico: são mais primárias e materiais, portanto em maior sintonia com a condição evolutiva da maioria de meus irmãos.

É desaconselhável o desenvolvimento desse chacra, devido à imaturidade espiritual dos habitantes da Terra em administrar as questões de ordem sexual e primárias.

Capítulo 18

Mediunidade e mediunismo

O ser é uma consciência em estado de evolução permanente. Dentro do espaço de atuação da inteligência convivem muitas dimensões, aguardando serem devassadas pela instrumentalidade psíquica à disposição do espírito em sua própria intimidade. A mediunidade desponta, nesse contexto, como uma faculdade própria do ser em evolução, destinada a ser um portal de comunicação entre os diversos planos existenciais. O fenômeno mediúnico participa da própria natureza do ser e com ele se desenvolve ao longo de sua trajetória evolutiva, num entrosamento de energias e mentes que se completam no trabalho íntimo de aperfeiçoamento.

Com a vulgarização da mediunidade a partir do século XIX, assim como com o advento do espiritismo, grande número de indivíduos possuidores de faculdades psíquicas em expansão tem-se mostrado ao mundo como médiuns, sensitivos e paranormais.

Mesmo diante dos estudos e observações do nosso irmão Allan Kardec, em *O livro dos médiuns* — tratado experimental de ciências psíquicas —, sentimos necessidade de fazer algumas observações no que concerne a certas faculdades, a fim de facilitar a compreensão de meus irmãos.[1]

Nem todos que se dizem médiuns são médiuns no conceito mais amplo do termo. É bom meus irmãos ficarem atentos quanto às pretensas comunicações e faculdades mediúnicas, principalmente se a pessoa é propensa a misticismos e sentimentalismo exagerado. Nesses casos, é comum que o iniciado na vida espiritual confunda certos padrões mentais de exteriorização das faculdades anímicas com a mediunidade. O fenômeno mediúnico é único, inconfundível e deve ser estudado seriamente e cientificamente através de metodologia particular, já descrita nas obras da codificação espírita.

Para que o ser entre em contato com inteligências extrafísicas há que modificar o seu padrão vibracional. Somente em estado diferenciado daquele observado na vigília física ordinária será possível ao sensitivo perceber os elementos, paisagens ou habitantes de outras dimensões. Isso ocorre porque o corpo físico e o cérebro humano funcionam como poderoso campo inibidor, que amortece as energias psíquicas. Esse aparato impede que, em estado de consciência ordinário, o homem esteja permanentemente conectado ao mundo extrafísico. Torna-se imperativo, portanto, o adestramento das faculdades psíquicas, que visa capacitar o sensitivo a alcançar estados alterados de consciência e, dessa forma, perceber os fluidos, as energias, as vibrações e os pensamentos que povoam o mundo espiritual.

[1] KARDEC. *O livro dos médiuns*... Op. cit.

Para estabelecer contato mais ou menos duradouro com o plano extracorpóreo, o psicossoma e os demais corpos energéticos aceleram suas vibrações, a fim de escapar à característica lenta do corpo humano e, assim, acessar outras consciências, que operam além dos limites da matéria.

As sensações vibracionais próprias do chamado transe mediúnico são inconfundíveis. O estudo de suas peculiaridades poderia favorecer os pesquisadores sérios, capacitando-os a detectar e compreender com clareza quando há ou não fundo mediúnico ou anímico. A conscientização desses aspectos será de grande utilidade para que meus irmãos não se vejam vítimas de "achismos" e modismos, tão a contento de pessoas pretensamente espiritualizadas e de pseudomédiuns.

O estado vibracional que propicia o transe mediúnico e o consequente intercâmbio entre as consciências físicas e extrafísicas advém de um ponto essencial: a intensificação do desprendimento e da expansão do psicossoma e do duplo etérico. Alguns estados vibracionais são produzidos pelas inteligências desencarnadas, que atuam diretamente nos chacras de seus médiuns, auxiliando o desprendimento energético e a expansão da consciência. Todavia, tais estados podem ser comandados pela vontade, ocasião em que se observa o pulsar de ondas internas de vibrações expansivas e indolores, cuja frequência e intensidade são direcionadas pelos benfeitores da vida maior junto aos sensitivos. A resposta energética dos médiuns ao comando superior extrafísico pode ser denominada *frequência de ressonância*. Esse processo é variável em diferentes médiuns, embora facilmente constatado e, portanto, inconfundível.

Dependendo da faculdade a ser trabalhada, a frequência de ressonância poderá variar, ocorrendo desde uma sensação íntima e sutil até ruídos intracranianos, bem como estímulos visuais e auditivos. Mas atenção: estados vibracionais podem ser provocados devido à influência de fatores emocionais, que produzem artificialmente certas sensações. Cautela e experiência impedirão que tais sintomas sejam confundidos com o início do transe mediúnico. O período de educação e de conhecimento da faculdade mediúnica que eclode nos sensitivos é de extrema relevância, a fim de que não se confundam certos fenômenos de origem física com aqueles de ordem psíquica e espiritual.

Assim como tratamos das contaminações fluídicas em capítulo anterior, é interessante notar que, igualmente, existem contaminações emocionais ou contágios emotivos, que, em diversas ocasiões, são confundidos com estágios da mediunidade. Tamanha confusão poderá gerar imensos prejuízos.

Um bom exemplo daquilo que chamamos de *contágio emotivo* se vê quando determinado número de pessoas se reúne em assembleia e determinado indivíduo ou grupo promove a concentração dos demais em algum objetivo. Há um acoplamento energético entre a vontade do condutor e a da multidão, que se sente atraída e em estado pré-hipnótico. Todos recebem, dessa maneira, direta influência das palavras que materializam o pensamento do condutor. Entretanto, esse estado vibracional provocado por alguém ou por algum espírito pode ser de natureza positiva ou negativa. Invariavelmente são observados fenômenos de interação de energias conscienciais através do corpo emocional. Os efeitos principais são observados no duplo etérico daqueles que estão sob a influência energética. Líderes religiosos, oradores, políticos ou uma simples torcida em um estádio podem atuar como estimuladores desse estado vibracional, e o povo pode responder de forma positiva ou negativa à energia paranormal ou mediúnica extravasada na ocasião.

Esses mesmos estados vibracionais podem ser provocados e conduzidos por entidades extrafísicas, em processos felizes ou infelizes, pela transferência energética. É importante, portanto, o estudo desses fenômenos de expansão da consciência e condução do fator energético, a fim de que meus irmãos possam promover as defesas psíquicas quando assim for necessário.

Além desses aspectos, com frequência os neófitos ou, ainda, aqueles que figuram como seres extremamente místicos confundem efeitos visuais e auditivos com manifestações da vidência ou clarividência e da clariaudiência. Embora a veracidade do fenômeno mediúnico, é bom que se tenha um conhecimento dos mecanismos do transe. Para haver contato proveitoso com as energias e inteligências do mundo astral e espiritual, é necessário evitar confusões, que geram desconforto para muitos.

Qualquer indivíduo, que seja ou não portador da faculdade mediúnica, pode experimentar diversas sensações ou imagens visuais. Deve examiná-las atentamente, para que sejam bem compreendidas, a fim de distinguir os fenômenos hipnagógicos daqueles considerados paranormais ou mediúnicos. Sucedem com regularidade em visualizações, vivências e exercícios de meditação —

o que nem sempre caracteriza fenômeno paranormal ou comunicação mediúnica.

Algumas ocorrências que podem ser confundidas com manifestações da fenomenologia paranormal e mediúnica:

- oscilações retinianas;
- círculos geométricos, flores coloridas, turbilhões de cores percebidos visualmente em razão da compressão do globo ocular, devido a uma excitação inadequada dos receptores da retina;
- imagens que ocorrem no interior do globo ocular, de origem subjetiva, quase sempre cerebral;
- visão de vasos, glóbulos sanguíneos, leucócitos circulando no corpo vítreo; moscas volantes. Não raro, nesses casos surgem riscos luminosos, brilhantes e fugazes.

Em circunstância diversa, são os fenômenos anímico-mediúnicos que de fato ocorrem, tanto na clarividência comum quanto em outros contatos e conexões extrafísicas que o sensitivo experimenta, transcendendo os limites do campo físico. Eis algumas delas:

- vidências além do tempo e do espaço;
- imagens de paisagens;
- imagens de pessoas conhecidas ou desconhecidas;
- psicografia mecânica ou semimecânica (não catalogamos neste trabalho as manifestações da psicografia intuitiva, por ser um fenômeno muito facilmente confundido com elementos anímicos);
- ectoplasmias e materializações.

Segundo estudos e observações registrados em diversas épocas por autores diferentes, os fenômenos anímico-mediúnicos vêm comprovar as imensas e inesgotáveis reservas de energias além dos limites do campo das formas, bem como atestar o prosseguimento da consciência além do cosmo orgânico, para lá da sepultura.

A existência de energias que extrapolam a matéria física é, portanto, a prova de que a consciência não se esgota com a atividade orgânica e não se volatiliza com a morte do corpo físico.

18.1
Tratamentos e curas espirituais

Utilizando-nos da mediunidade esclarecida e devidamente educada, nós, os espíritos comprometidos com o bem da humanidade, empregamos técnicas próprias da nossa dimensão para auxiliar aqueles que sofrem. Contudo, é importante observar que nossos métodos diferem em muito daqueles empregados pela medicina terrena, no que concerne à forma e à instrumentalidade utilizadas. Não nos cabe substituir a metodologia científica atual e nem invalidar as modernas ou antigas descobertas e avanços da ciência médica.

Nosso maior reservatório de recursos é a própria natureza. Nosso veículo de ação é o pensamento. Nossos instrumentos, os médiuns, sensitivos e terapeutas do espírito.

Consideramos daninho para as tarefas espirituais que

médiuns mal-esclarecidos interfiram nos tratamentos receitados pela medicina convencional, porquanto não visamos substituir, porém complementar e, em muitos casos, suprir a deficiência dos métodos tradicionais e ortodoxos. Igualmente desastroso é o médium ou terapeuta do espírito que, ao possuir diploma e conhecimentos médicos, interfere no conhecimento do espírito, provocando influência anímica exagerada nos processos mediúnicos.

Os processos terapêuticos espirituais visam muito mais à reintegração do espírito ao contexto e às leis cósmicas do que à cura do corpo físico.

Em caso de interferência do mundo espiritual nos processos de saúde de meus irmãos, utilizamos medicamentos com muito maior potencial curativo do que aqueles encontrados nas farmácias e nos laboratórios da Terra. Entre esses medicamentos trazidos do Mundo Maior, estão radiações, ondas e impulsos eletromagnéticos, além de uma infinidade de recursos próprios da tecnologia extrafísica.

Utilizamo-nos dos processos de ectoplasmia para a materialização de substâncias medicamentosas advindas do imenso laboratório da natureza.

Com o uso do ectoplasma torna-se possível transmitir para a esfera física, através da água, ricos elementos trazidos do mundo extrafísico ou, ainda, das profundezas dos oceanos e de outros mundos, através da desmaterialização, caso haja necessidade. É importante lembrar que, mesmo na utilização de todos os recursos da ciência espiritual, não podemos interferir nos processo de reajuste cármico e nem impedir que meus irmãos cumpram os desígnios da suprema lei, que determina a cada qual colher na lavoura da vida de acordo com a qualidade da semente plantada.

Nos fenômenos de materialização é que encontramos maiores condições de atuar nos organismos terrestres de meus irmãos, a fim de auxiliá-los. Contudo, a realização dessas sessões requer envolvimento e comprometimento intenso por parte dos nossos auxiliares no plano físico. Nem todos estão dispostos a tal envolvimento, e, em virtude das circunstâncias, somos obrigados a reorganizar todo o programa de auxílio de acordo com as possibilidades que temos diante de nós.

Para suprir as deficiências energéticas, materiais e mesmo as fluídicas, utilizamos tecnologia da nossa dimensão. Muitos aparelhos são estruturados nos fluidos do plano astral ou em luz coagulada[2] sob a ação do pensamento. Assim como na Crosta os homens desenvolvem aparelhagens complexas com diversas finalidades, também assim procedemos com a manipulação do pensamento. Tais equipamentos são necessários não por deficiência das equipes espirituais, mas para suprir a escassez de recursos oferecidos pelos nossos médiuns. Na falta de fluidos animalizados apropriados para o nosso trabalho, o aparato tecnológico do mundo extrafísico é utilizado, canalizando elementos da natureza, como raios, ondas, plasmas biológicos e muitos outros compostos medicamentosos.

De certos elementos como o cobalto, o rádio e o urâ-

[2] Variação da luz sideral, à disposição de espíritos esclarecidos para manipulação de recursos diversos, segundo o que explica o autor espiritual em sua primeira obra (PINHEIRO. *Medicina da alma*. Op. cit. p. 54).

nio, ricos e ao mesmo tempo perigosos quando manipulados por meus irmãos, obtemos uma espécie de radiação que se propaga numa dimensão superior. Com tais estruturas hiperdimensionais, atuamos em enfermidades como câncer, aids e outras semelhantes, eliminando ou isolando certos vírus, bactérias e outras complexas formas de manifestação do fluido mórbido. Mesmo assim, precisamos do ectoplasma oferecido por meus irmãos, a fim de manipularmos, na dimensão física, essas energias poderosas dispersas na natureza e ora canalizadas pelas equipes espirituais de socorro.

Nos casos de obsessões complexas, quando inteligências perversas também se utilizam de aparato tecnológico através de implantes no duplo etérico ou no organismo perispiritual, enfrentamos imensa dificuldade devido à estreiteza de pensamento de muitos núcleos espiritistas, que negam a realidade desses complicados parasitas artificiais produzidos por entidades comprometidas com o mal.

A abordagem desse assunto, felizmente, já está sendo facilitada pelas recentes pesquisas desenvolvidas por meus irmãos na área da apometria. Isso nos facilita tanto a discussão do tema com meus irmãos como a utilização de médiuns mais conscientes da existência desses aparelhos em outros planos da vida.

Há alguns anos, o movimento espírita era abalado com as revelações mediúnicas do nosso irmão André Luiz, através da psicografia de Francisco Cândido Xavier, a respeito das comunidades extrafísicas.[3] No entanto, ain-

[3] Cf. XAVIER, Francisco Cândido. Pelo espírito André Luiz. *Nosso lar*. 1ª

da hoje encontramos dificuldades em falar de determinados assuntos, devido à falta de atualização do conhecimento por parte de muitos irmãos.

Diversos equipamentos desenvolvidos nos planos superiores ou em dimensões povoadas por consciências mais esclarecidas requerem certa cota de energias próprias do mundo material, para que sejam utilizadas no plano físico em auxílio aos encarnados.

Dentro desse largo espectro de utilização de aparelhagens do plano extrafísico, podemos citar aquelas que são utilizadas, do lado de cá, para promover a transcomunicação instrumental. Por mais que alguns companheiros teimem em dizer que os espíritos que se comunicam através da tecnologia não precisam do concurso dos médiuns, isso é reflexo da ignorância e do orgulho. Sempre há a participação, mesmo que involuntária ou inconsciente, de médiuns que doam a energia nervosa, o ectoplasma ou o fluido mediúnico para que tais insumos sejam manipulados do lado de cá da vida. Na verdade, o uso do ectoplasma extraído de meus irmãos é necessário apenas quando temos de executar atividades em dimensões limítrofes ao mundo físico. Nos momentos em que nossa tecnologia é posta em serviço em âmbito exclusivamente espiritual, possuímos, em nosso meio, outras reservas energéticas mais amplas do que o fluido nervoso dos médiuns para lhe conferir movimento.

ed. Rio de Janeiro: FEB, 1943.

Entrevista

COM O ESPÍRITO JOSEPH GLEBER

Como cientista da alma, e em consonância com o espírito pesquisador aprimorado em seu passado espiritual, Joseph Gleber gosta de responder questionamentos e de abordar assuntos a partir do interesse demonstrado por seus companheiros de trabalho — os médiuns. É assim que procura sugerir sejam formuladas perguntas para compor a parte final de suas obras, colocando-se de forma absolutamente disponível para explicar, comentar e desenvolver os temas quantas vezes se fizer necessário.

A Casa dos Espíritos lembra Kardec, portanto, com satisfação. Além de ter sido um exímio perguntador, o codificador do espiritismo não deixou de anotar que espíritos realmente sérios e esclarecidos têm prazer em responder às indagações apresentadas.

1. Diante do que você argumenta no capítulo 18, a respeito de mediunidade, depreende-se que o estado de transe mediúnico é inconfundível, correto?

COM ABSOLUTA CERTEZA. Diuturnamente vemos aqueles que se dizem médiuns pretenderem entrar em transe mediúnico em qualquer lugar ou em qualquer hora, como se os espíritos estivessem à sua disposição para atendê-los, quando lhes interessar. Afirmam, igualmente, conseguir o estado de transe independentemente da ocasião e do local, ou mesmo da presença de condições psíquicas adequadas. Consideramos ignorância da parte de tais pseudomédiuns, uma vez que o estado catalogado como transe é um estado alterado de consciência, portanto não é acessível aos meus irmãos quando querem ou em qualquer condição.

Se porventura meus irmãos devessem estar em contato constante com o mundo invisível, vendo espíritos a qualquer hora ou ouvindo além do habitual proporcionado pelos ouvidos humanos, seria mais fácil permanecerem desencarnados. Não haveria sentido na reencarnação.

Meus irmãos estão reencarnados por necessidade social, espiritual e cármica. A mediunidade foi-lhes concedida, nesse contexto, para o intercâmbio com o mundo invisível em caráter temporário, mas nunca em estado permanente — isso, somente na condição de desencarnado. Nos momentos em que alguém afirma ver, ouvir ou estar em constante contato com os espíritos, podemos identificar com segurança um profundo desequilíbrio psíquico ou processo obsessivo — do contrário, eventualmente o companheiro pode se encontrar na condição de agênere, sem o saber.

A vida intrafísica foi concedida como abençoada oportunidade de se relacionar com o mundo, em suas mais variadas e ricas conjunturas. O estado alterado de consciência é, portanto, alcançado em momentos especiais e detectado de forma inequívoca pelos próprios experimentadores; não substitui, de forma alguma, a experiência da vida social — esta deve ser vivida em toda a extensão do seu significado. Repetimos: caso o objetivo fosse manter comunicação ininterrupta com o mundo espiritual, em um intercâmbio intenso e constante, o espírito permaneceria do lado de cá da vida.

2. Muita gente se diz médium, e alguns reúnem "seguidores" em torno de si. Como vê tal situação?

HÁ MUITA GENTE portadora de faculdades mediúnicas passíveis de ser utilizadas pelos espíritos superiores, mas que, em gérmen, não foram trabalhadas ainda, de acordo com uma metodologia adequada.

Há também aqueles que são portadores de uma inteligência mais refinada e têm um passado espiritual cheio de experiências no campo religioso e místico. Ao entrarem em contato com o conhecimento espírita ou espiritual, eclode todo o conteúdo místico reprimido através do processo reencarnatório, por influência do cérebro físico, que age de forma a amortecer as vibrações do passado. Ao eclodir de sua intimidade certas tendências místicas e religiosas malsucedidas, e devido ao contato com o conhecimento espiritual, começam a se julgar portadores de faculdade mediúnica ou de mediunidade com tarefas específicas. Naturalmente, encontram sintonia com aqueles companheiros de seu passado espiritual que têm a mesma tendência mística e religiosa. Isso não quer dizer que sejam médiuns na atual existência, ou que tenham alguma tarefa mediúnica. Muitas vezes tais companheiros reencarnaram no meio espiritualista para corrigir suas ideias extremistas do passado, ou para sanar alguns males decorrentes do abuso de sua inteligência. Como trazem o psiquismo comprometido com o religiosismo, ou com certo sentimento místico, intitulam-se médiuns e incentivam outros no mesmo sentido, sem, contudo, ter qualquer tarefa mediúnica. Poderiam aproveitar melhor sua reencarnação aprimorando-se intimamente, moralmente ou no campo das ideias, do que pretendendo ser médiuns sem o serem. Falamos aqui da mediunidade-tarefa, quando o ser reencarna com uma finalidade específica no campo mediúnico.

Muitas vezes meus irmãos querem ser médiuns a qualquer custo e ignoram belos projetos que foram traçados no Mundo Maior em relação a si mesmos. Deixam de lado excelentes oportunidades de progresso, quando poderiam contribuir imensamente com a difusão do pensamento espírita e espiritualista, obcecados com a ideia de serem médiuns ou de serem reconhecidos como tais.

Existem também aqueles que são portadores de uma faculdade real, e não do produto de tendências extremistas do seu passado espiritual, mas que deixam de lado a oportunidade concedida pelo Alto. Ambos os casos merecem um estudo especial e certo tato por parte daqueles que são a referência para suas vidas no que se refere às questões espirituais, a fim de reconduzi-los ao bom senso.

3. Em diversos momentos do livro, você fala de aparelhagens utilizadas por espíritos. Esses aparelhos podem ser usados por espíritos descomprometidos com o

bem, na forma de implantes, ou isso é uma invenção de médiuns que tentam chamar a atenção?

MUITAS E MUITAS VEZES meus irmãos se deparam com processos obsessivos complexos cuja gênese está vinculada ao uso de aparelhagens desenvolvidas pelos técnicos das sombras. A tecnologia extrafísica é muito desenvolvida, e essas mentes em débito com a suprema lei fazem uso de todo o aparato tecnológico, através de implantes e da criação dos chamados clones espirituais ou elementais artificiais com objetivos escusos.

No caso de implantes, o processo só é identificado por equipes espirituais competentes e especializadas, naturalmente atraídas para agrupamentos de estudo e prática espírita cuja abertura mental lhes dê condições de trabalho, sem o empecilho da ortodoxia e do fanatismo religioso. Não basta ser mentor, na concepção espírita, para detectar a existência desse tipo de interferência parasita. É preciso que a equipe espiritual seja especializada no trato com tais aparelhos desenvolvidos no plano astral.

Também existem aparelhos implantados por equipes socorristas, visando auxiliar em casos de emergência, principalmente quando o ser encarnado obtém do Alto concessão de moratória no corpo físico. Quando o corpo já esgotou suas reservas energéticas naturais, e, por determinação superior, o espírito reencarnado precisa continuar por mais tempo de posse da roupagem física, podem ser realizados implantes de aparelhos em determinados locais do seu corpo etérico ou espiritual para gerar mais fluido vital ou aumentar o poder de absorção de tal fluido na natureza. É importante notar que a tecnologia extrafísica não é empregada somente para o mal, mas também para o bem, conforme os interesses dos espíritos que assistem cada um.

É muito comum também a utilização desses aparelhos em médiuns, para auxiliar a recepção e percepção de imagens mentais e de mensagens advindas do mundo espiritual. São microrreceptores adaptados ao sistema nervoso central e, mais precisamente, ao córtex cerebral de meus irmãos, objetivando facilitar o aumento da frequência vibratória de alguns médiuns, talvez comprometidos no passado, cujas faculdades precisam ser ativadas para determinado trabalho. Outra aplicação superior para os aparelhos desenvolvidos do lado de cá da vida acontece nas reuniões de tratamento e cura, materialização e ectoplasmia, onde são largamente utilizados para o auxílio direto e a manipulação energética.

De forma alguma a existência de tais aparelhos é invenção de alguns médiuns, como perguntado. Acreditamos apenas que os companheiros encarnados devam atualizar seus conhecimentos dos processos espirituais e da realidade do mundo invisível, que está constantemente progredindo em suas formas de atuação.

Os espíritos do mal estão progredindo em suas formas de atuar no campo tecnológico. Para enfrentar a demanda de ações das trevas é preciso também atualizar a metodologia empregada pelos agrupamentos conectados às forças superiores da vida.

4. Você nos fala de reservas energéticas extraídas da própria natureza, quando cita o uso de aparelhos no plano extrafísico. Em que consistem essas reservas

naturais do outro lado da vida?

CONSIDERANDO QUE OS ESPÍRITOS vivem em outras dimensões da vida e que o mundo físico é apenas uma parcela da realidade universal, é fácil compreender que temos à nossa disposição mais variada e rica fonte de energias do que aquelas encontradas pelos meus irmãos no plano em que se encontram. Além do conhecido fluido cósmico, que permeia toda a criação, temos também o *fluido mental primordial* — por enquanto, nem admitido e, muito menos, conhecido pelos cientistas encarnados —, tal qual é exsudado das mentes superiores, o qual pode ser utilizado livremente por nós. Essa energia mental molda os fluidos ambientes e os transforma de acordo com a nossa vontade. Portanto, temos instrumentos muito mais maleáveis e eficazes à nossa disposição, quando estamos no mundo espiritual, além dos limites da matéria.

Através do pensamento, entidades de vibração elevada têm acesso ao plasma estelar, uma espécie de vibração da matéria cósmica encontrada no turbilhão de energia solar, utilizado de acordo com as nossas necessidades, tanto para promover a limpeza de ambientes com a produção do *vento solar*, quanto para atender a necessidades próprias do nosso plano. Enfim, a variedade de recursos é praticamente infinita, dependendo da necessidade e do emprego que se quer dar à energia.

5. Você falou em vento solar. Poderia discorrer mais a respeito, para que nos atualizemos?

PERFEITAMENTE. No âmbito material, os cientistas detectam o vento solar e o reconhecem como causador de alguns fenômenos, como a conhecida aurora boreal.

Extraído do núcleo de irradiação do Sol e de certas estrelas de alto potencial energético, o vento solar é uma espécie de energia, cuja irradiação ocorre em uma frequência de dimensão superior.

Essa hiperenergia pode ser utilizada para a queima de parasitas e de contaminações fluídicas nos ambientes que visitamos. Nenhuma forma parasitária criada pelas mentes enfermiças resiste à ação do vento solar. Ao concentrarmos a mente nos elementos que se fundem no interior do Sol, sob o efeito de pressões inimagináveis por meus irmãos, canalizamos os resíduos atômicos e as irradiações da energia expelida nos processos de fusão e fissão nucleares no interior da estrela e os utilizamos livremente. Ainda sob o comando mental de origem superior, podemos reservar, em nosso ambiente, certa cota daquilo que chamamos hiperenergia e empregá-la conforme a necessidade.

Tal processo é comumente utilizado na queima de resíduos tóxicos e mentais nos planos astralinos. Isto já foi descrito pelo nosso irmão André Luiz,[4] embora ele não tenha entrado em detalhes a respeito, por lhe faltar maior receptividade por parte dos companheiros espíritas. É o conhecido *fogo devorador*, que literalmente faz com que evaporem e se desfaçam as criações infelizes próprias dos planos inferiores.

O vento solar, fogo devorador ou hiperenergia pode

[4] Cf. XAVIER, Francisco Cândido. Pelo espírito André Luiz. *Obreiros da vida eterna*. 28ª ed. Rio de Janeiro: FEB, 2003.

ser utilizado por meus irmãos quando assistidos por espíritos especializados, e o seu emprego na manutenção de campos de força, limpeza de ambientes e dispersão de bactérias astrais poderá ser muito útil em certas reuniões de intercâmbio e assistência espiritual.

Também utilizamos essa hiperenergia em nossos comboios, como no aeróbus, por exemplo, veículo estruturado em nosso plano e já conhecido de meus irmãos espíritas, pelos comentários do companheiro André. Nos casos em que empregamos espécies de naves para o transporte de espíritos das regiões umbralinas para as colônias e comunidades extrafísicas, a hiperenergia, extraída das forças ciclópicas do Sol, forma o combustível que mantém em ação tais equipamentos.

Essa mesma energia de dimensão superior foi utilizada em larga escala no passado espiritual do nosso planeta, quando foram transportadas para o ambiente da Terra as levas de espíritos advindos de outras comunidades do espaço. O vento solar ou hiperenergia forma uma ultracampo, que outra coisa não é senão uma espécie de redoma energética de altíssima frequência vibratória, envolvendo os espíritos expatriados. Quando tal ocorrência se verifica sob o patrocínio de espíritos sublimes, o campo de força coercitiva e dinâmica é irradiado em velocidade *ultraluz*, ou seja, superior à velocidade da luz. Em ocasiões de expurgos planetários, tais recursos são utilizados em larga escala, e o comboio energético formado pelos campos de força de hiperenergia é sintonizado com o *quantum* energético da estrela onde orbita o mundo ao qual se destinam os espíritos degredados. O transporte é realizado em altíssima velocidade, e o potencial de irradiação dessas conchas hiperenergéticas é tão maior e mais potente quanto maior for o potencial de matéria hiperenergética da estrela de origem.

6. Isso significa que todas as estrelas são portadoras desse tipo de energia e que todos os mundos podem ser visitados pelos espíritos nesse processo de transferência energética?

OS MUNDOS, COMO OS SERES, formam famílias siderais adaptadas ao tipo de energia que irradiam. Assim como existem famílias espirituais, também os mundos são classificados em famílias, considerando-se certos processos intra-atômicos, nucleares, potencial dinâmico de irradiação hiperenergética e alguns outros fatores que escapam ao objetivo desta obra. Portanto, não se podem estabelecer conexões de um determinado mundo com qualquer outro no universo através desse processo. É preciso que haja sintonia de frequência vibratória entre os diversos mundos para que a concha energética possa ser irradiada.

Por exemplo, o nosso Sol, estrela em torno da qual orbitam os mundos da nossa família sideral, tem uma frequência vibratória semelhante à da estrela Alfa do Cocheiro, à da estrela Vega e à de algumas outras conhecidas por meus irmãos. Portanto, esse processo que descrevemos só poderá funcionar caso sejam observadas as características hiperenergéticas desses sistemas solares aos quais nos referimos. Havendo semelhança no *quantum* energético, nos valores gravitacionais irradiados do núcleo atômico de tais estrelas, então o processo poderá ser realizado com eficácia. Do contrário, os espíritos superiores naturalmente dispõem de outros recursos, que estão muito além de nossa compreensão.

7. Como poderá ocorrer o emprego do vento solar em reuniões mediúnicas? Existe alguma técnica especial para isso?

ATUALMENTE MEUS IRMÃOS encarnados estudam uma técnica em sintonia com os progressos realizados do lado de cá da vida, à qual denominam apometria. Estudem mais a respeito e, com certeza, estarão dando os primeiros passos no emprego desse potencial energético.

8. Quais os malefícios causados ao corpo espiritual pelo uso de drogas?

VAMOS LISTAR ALGUNS dos tipos mais populares de substâncias tóxicas, embora não nos detenhamos em todas elas.

ÁLCOOL

Falar a respeito de uma droga legalizada pelos governos do mundo, como o álcool, exige uma abordagem muito mais profunda do que a realizada por meus irmãos médicos e cientistas da Terra.

O alcoolismo não é apenas a incapacidade da pessoa de abster-se de bebidas alcoólicas, mas um processo psíquico de graves consequências para o organismo espiritual do indivíduo. O álcool provoca uma contaminação intensa do duplo etérico, além dos malefícios já estudados pelos cientistas no que se refere ao corpo físico. Além de causar imensos prejuízos na esfera social e nos relacionamentos familiares, o álcool provoca certos efeitos no psiquismo, favorecendo estados alterados de consciência em que o dependente entra em sintonia com inteligências extrafísicas de baixa frequência vibratória. Dessa forma, aquele que está sob influência do álcool nunca está sozinho vibratoriamente. Ele pode estar sendo sugado em sua vitalidade, através do processo obsessivo popularmente conhecido no Brasil como *encosto*.

ANFETAMINAS

As chamadas anfetaminas, drogas que aumentam a excitação, estimulantes para aumentar os períodos de vigília física, atuam mais especificamente no duplo etérico e nas ligações do chacras, principalmente nos chamados chacras superiores que se localizam na cabeça, como o coronário e o frontal. Nesses casos, as anfetaminas afetam o duplo etérico e seu sistema de linhas de força, conduzindo a maior parte das reservas energéticas para a região do córtex cerebral, sobrecarregando os chacras citados com um aumento de mais de 60% de sua capacidade de trabalho. O resultado é extremamente daninho para o sistema nervoso e será sentido lentamente, à medida que o uso das substâncias se prolonga. Quando os efeitos estimulantes das anfetaminas diminuem, o indivíduo sente-se deprimido, com uma espécie de fadiga compensatória. Esta aparece como resultado natural da diminuição de atividade dos chacras superiores — que, após extrema exigência, esgotaram sua capacidade de ação reguladora das energias, desequilibrando-se — e do duplo etérico, que, ao retornar à atividade natural depois de ser afetado pelo uso das drogas, precisa de certo tempo de readaptação antes de normalizar suas funções.

Mais tarde, a dosagem inicial passa a não satisfazer o indivíduo, que necessita de doses cada vez mais intensas para produzir os efeitos desejados, como ocorre com qualquer outra droga. No duplo etérico, então, se produz relaxamento vibratório e envenenamento do ectoplasma, o que geralmente o torna nocivo para atividades superiores.

Com o uso prolongado das anfetaminas, o duplo afasta-se do eixo imaginário que o liga ao corpo físico, e, como as linhas de força são afetadas intensamente, surgem na periferia orgânica palpitações cardíacas, aumento da pressão sanguínea e irritabilidade constante. Caso o duplo etérico seja mais intensamente afetado pelo uso constante de tais drogas, a ruptura de sua proteção extrafísica produz um período de sono mais intenso, letargia e depressão. Naturalmente o tratamento não é só clínico, mas principalmente energético, com aplicação de bioenergia ou magnetismo, procurando restabelecer o equilíbrio das linhas de força do duplo etérico.

HEROÍNA

Quanto às substâncias opioides, os chamados narcóticos — que, além de serem empregados clinicamente, são objeto de abuso por parte daqueles que se viciaram em seu uso — têm uma ação mais intensa nos campos de força do perispírito, desarticulando certas energias que produzem o equilíbrio psíquico do ser.

No caso da heroína, derivada da morfina, como é uma droga mais potente e concentrada, tem efeito mais devastador, pois desfaz ligações fluídicas e nervosas que ligam perispírito, duplo etérico e corpo físico. Embora produza certa sensação de bem-estar ao usuário, a heroína inibe certas áreas do cérebro que o ligam ao correspondente astral no perispírito, o que se traduz por sentimento de euforia, falta de fome ou prazer sexual, embora uma certa sensação de orgasmo permanente que o usuário experimenta. Isso é devido à ruptura brusca do duplo etérico e à resultante ação de entidades vampirizadoras que se ligam intensamente ao usuário.

As sensações, mais produto do vampirismo espiritual que da droga em si, são percebidas pelos que se submetem ao processo infeliz. No caso da heroína, o usuário raramente apresenta reações violentas, porque a droga age no cérebro extrafísico amortecendo as vibrações daninhas do obsessor, pouco percebidas conscientemente, embora intensas, porque as ramificações nervosas são profundamente afetadas.

Iniciado o uso da heroína, cria-se progressivamente a tolerância, período em que a droga não mais faz o efeito desejado. Isso ocorre também porque já existe uma união mais íntima e intensa com a entidade, que, a partir de então, de posse da abertura no campo etérico, encontra livre campo para influenciar o dependente químico.

Da união vibratória indesejável nasce a necessidade de utilizar a droga como substância injetável, superando a fase inicial de inalação. As defesas etéricas, ou tela etérica, já estão rompidas e já estão estabelecidas ligações psíquicas e fluídicas mais fortes com a companhia espiritual. O indivíduo passa a injetar a droga, que, ao passar para a corrente sanguínea, satisfaz ainda mais a sede de fluidos vitais do vampiro do plano astral. Enquanto isso, a vítima passa a sentir a chamada ressonância vibratória, manifestada por tonteiras, arrepios, suores, vômitos e cefaleias. É que se combinam as reações físicas do usuário com as vibrações do espírito, que, em um processo de simbiose e vampirismo, passa ao indivíduo suas reações. Ele mesmo, o espírito, regozija-se no conluio tenebroso, experimentando as sensações próprias dos fluidos vitais já envenenados.

Como o usuário da heroína tem de satisfazer dois desejos — o seu próprio, já viciado, e o da entidade vampirizadora —, é obrigado a utilizar doses cada vez maiores da substância. É induzido a atividades ilegais para que mantenha o hábito, que se torna muito caro, dentro dos padrões econômicos habituais. O processo é muitíssimo complexo, e, em geral, ocorrem *síndromes de aparelhos parasitas* envolvidas no uso dessas drogas consideradas mais "pesadas". Requerem não somente o tratamento clínico, mas técnicas avançadas de destruição dos campos energéticos formados pela entidade obsessora.

COCAÍNA

A cocaína tem o efeito de aumentar o sentimento de euforia, por agir nas terminações nervosas que interligam duplo etérico e perispírito. É uma substância usada em vários subprodutos, como no próprio *crack*. Seu efeito psicofísico faz com que, na mulher, o útero tenha certo retardamento, devido à atuação intensa nos centros de força do perispírito. Ao ser utilizada durante a gravidez, há a produção de outra droga, devido a reações químicas que ocorrem em contato com a placenta, a *norcocaína*. Absorvida através do líquido amniótico, as consequências para o feto são graves.

Qualquer exposição à cocaína compromete por tempo indeterminado as ligações do perispírito com o duplo etérico, e o usuário passa a se qualificar como suicida, devido à ação perniciosa da droga.

Mesmo que não causem o desencarne prematuro, tanto a cocaína como a heroína produzem comprometimento intenso das energias vitais, diminuindo em muito o período e a qualidade de vida do indivíduo. As sinapses e os neurônios receptores são extremamente afetados, e os centros de força do perispírito por longo tempo não respondem aos estímulos advindos do espírito. É um comprometimento das sagradas funções do corpo espiritual, com a consequente ação perversa de entidades, que estabelecem ligação psíquica, fluídica e vital com o infeliz usuário. Os processos obsessivos advindos do uso de tais drogas costumam perdurar além da morte do corpo físico, no plano astral. Nesse local, o espírito, antigo usuário de tais drogas, se submete à ação do lodo astralino, espécie de lama com efeito radioativo, que age no perispírito, nas zonas umbralinas, até que a carga tóxica mórbida seja expurgada.

Outras drogas trazem consigo efeito igualmente perturbador, como a maconha, o fumo e outras mais. Costumam interferir no senso de direcionamento espiritual, nos receptores das células nervosas, produzindo efeitos moleculares sensíveis e abrindo precedentes para atuações espirituais infelizes, classificadas como obsessões, em variados níveis e graus.

9. *Através da TVP — terapia regressiva a vivências passadas — é possível acessar arquivos de qualquer época, de reencarnações anteriores?*

A MODERNA ÁREA da psicologia transpessoal e a TVP não são uma fada para solucionar os problemas de meus irmãos. Nem mesmo é aconselhável que a TVP seja utilizada para satisfazer a simples curiosidade das pessoas quanto ao seu passado espiritual — que, diga-se de passagem, deve ser preservado no inconsciente, a menos que seja necessário o acesso a ele com finalidades terapêuticas.

Quanto aos arquivos da memória espiritual, podemos dividi-los em atuais ou recentes, que são aqueles arquivos preservados ou registrados no corpo mental concreto, e os arquivos passados, que podem ser classificados como referentes ao passado espiritual próximo e ao remoto. Os arquivos referentes ao passado espiritual próximo estão arquivados em zonas do corpo mental abstrato, portanto em zonas mais profundas do psiquismo; outros registros há que pertencem a planos superiores ao mental, portanto impossíveis de serem acessados durante o período de vida física.

Ainda que o espírito esteja desencarnado, na pátria espiritual, os registros do seu passado mais remoto não são acessíveis a todo momento, nem de modo corriqueiro e banal, como se imagina. Para isso se requerem técnicas complexas, somente dominadas por espíritos elevados e experientes, em casos absolutamente necessários para o progresso do ser.

Aconselhamos os irmãos a abordarem o assunto com mais cautela, porquanto há muitas questões que são exploradas e divulgadas que merecem muito mais estudo, antes de se aventurarem em terreno por enquanto ainda muito jovem, no que concerne ao progresso realizado nessa área.

Embora consideremos a TVP um grande passo dado no campo científico, na área específica da psicologia, acreditamos serem necessários mais experimentos controlados em laboratório, realizados por profissionais competentes e responsáveis, destituídos de misticismo, a fim de dar maior credibilidade ao assunto junto à comunidade científica.

10. Como se dá a interação das energias mentais com as formas-pensamento que circundam as auras das pessoas?

TUDO NO UNIVERSO É VIBRAÇÃO. A mente emite ondas de pensamento ou partículas mentais, através das quais entra em contato com o mundo ao seu redor e com os seres em particular.

Quando determinada onda ou partícula mental encontra em seu percurso uma forma-pensamento de mesma frequência vibratória, podem ocorrer os seguintes fenômenos:

ABSORÇÃO — Quando há sintonia qualitativa no conteúdo da onda mental e da forma-pensamento.

REPULSÃO — Quando, apesar da frequência vibratória semelhante, houver divergência quanto ao conteúdo de matéria mental classificado como fator qualitativo.

***11. Poderia esclarecer melhor a questão? Restam dúvidas sobre o que quis dizer quando se referiu a* frequência semelhante e conteúdo qualitativo diferente.**

AS PALAVRAS AINDA SÃO UM OBSTÁCULO para a expressão do nosso pensamento. Contudo, tentaremos simplificar mais o que pretendemos dizer.

Quando alguém vibra na faixa do amor, pode imprimir em suas ondas e partículas mentais determinado conteúdo, ou *quantum* energético, que encontra semelhança em tantas outras mentes e pensamentos. Porém, na dimensão do amor, tanto podem transitar o amor eros e o amor ágape — doação — quanto o amor *spiritualis*. Esclarecendo melhor: na sintonia do amor, o pensamento pode ser caracterizado por uma variação cromática identificada com o azul. Pode-se, portanto, ser diferente o conteúdo qualitativo do pensamento, embora vibre na mesma faixa de sintonia. O ser poderá estar vibrando e transitando na faixa do amor erótico, ou na forma mais elementar em que o amor se manifesta. Em outra oportunidade, o indivíduo se sintonizará com um conteúdo diferente daquele, como, por exemplo, o amor da mãe pelo filho; o amor do amigo; o amor à pátria ou à humanidade. Como pode observar, há diferenças marcantes de conteúdo qualitativo, que pode ser compreendido como sintonia fina, média ou grossa.

Assim também a cor da forma-pensamento haverá de se modificar em consonância com o seu conteúdo. No caso analisado, poderá variar do azul mais profundo, chamado azul da prússia, até o azul celeste, ou azul real. Serão refletidas sempre a frequência do amor — que é o azul —, bem como a tonalidade ou as variantes cromáticas dessa mesma cor, que representam o conteúdo qualitativo desse mesmo amor.

12. Os espíritos precisam e podem ler nossos pensamentos? Poderia, por favor, nos esclarecer como isso ocorre?

PERFEITAMENTE. Nós, os espíritos, podemos acessar o conteúdo particular de cada mente com a qual nos sintonizamos momentaneamente, sabendo de cada detalhe que vocês gostariam de esconder ou se envergonhariam de saber que é conhecido. Todavia, a observação de cada detalhe dos seus pensamentos não tem proveito para nós, devido ao fato de que transitam, em sua maioria, fora de nossos interesses. Identificamos os pensamentos e a sintonia de cada um pela coloração específica. Pois meus irmãos não ignoram que o pensamento tem cor, odor, som e substância passível de ser identificada pelos espíritos mais experientes.

13. É possível a certos médiuns saber o conteúdo de nossos pensamentos? Ou melhor, é possível alguém ler nossos pensamentos?

A FORMA COMO VOCÊS SE EXPRESSAM é muito interessante. Ninguém poderá *ler* pensamentos, devido ao fato de que pensamentos não são emitidos em forma de grafia, à semelhança de letras jogadas numa folha de papel. O que poderá ocorrer é que uma pessoa possuidora de faculdades psíquicas mais ou menos amplas poderá sintonizar-se com os pensamentos de alguém e, num determinado momento de maior sensibilidade, captar os impulsos mentais e até mesmo ouvir algo do que o outro pensa. Quando isso ocorre — e é raro esse fenômeno —, é como se o sensitivo estivesse ouvindo alguém falar dentro do seu cérebro, numa voz inconfundível, que de maneira alguma se assemelha aos próprios pensamentos. Tais sons ecoam na caixa intracraniana, e há quem os interprete como sendo vozes de espíritos, imaginando-se médiuns.

O fenômeno em si é possível, mas meus irmãos devem ficar atentos contra pessoas que divulgam essa possibilidade de seus sentidos extrafísicos, pois, em sua maioria, aqueles que assim se apresentam são pessoas acostumadas a exaltar-se perante os outros com fins de manipulação das emoções alheias.

Quando essa faculdade está presente em alguém, pode ser que o indivíduo capte apenas as cores dos pensamentos e, por dedução, se experiente no assunto, saiba em que faixa mental o outro está transitando. Mas, ainda assim, é preciso muito cuidado, pois os casos em que ocorre tal fenômeno são ainda muito raros, e convém toda a cautela no que se refere ao assunto.

Existe certa faculdade psíquica que às vezes é ignorada por muitos de meus irmãos e que pode estar associada à chamada leitura do pensamento. É o caso de quando o indivíduo capta conteúdos emocionais. Algumas pessoas são capazes de entrar em sintonia com emoções, sentimentos e certas formas extrafísicas que pairam na atmosfera de alguns ambientes. Tais impulsos e conteúdos emotivos são interpretados pelo sensitivo, que costuma alcançar margem de acerto muito alta, quando está consciente do que está ocorrendo. É preciso estar assistido por um elevado espírito, a fim de não se perder em meio aos fenômenos.

Deve-se sempre ter cautela, quando se trata de aceitar certos fatos que podem ser verossímeis ou improváveis, dependendo da ambiência e da atmosfera psíquica em que se diz que hajam ocorrido. É preciso muito bom senso nessa questão.

14. Fale a respeito da relação entre macrocosmo e microcosmo. É válida essa correspondência em todos os âmbitos da criação?

A REALIDADE FÍSICA É UMA CÓPIA ou reflexo da vida extrafísica, tanto quanto as estruturas atômicas e subatômicas são reflexos dos domínios espaciais. Quando observamos os astros que voluteiam no espaço, notamos que existe uma ordem em sua trajetória. A família sideral obedece a um planejamento, embora não haja monotonia na vida do macrocosmo. Os planetas e seus satélites lembram os elétrons que orbitam em torno do núcleo atômico. Da mesma forma, as galáxias, numa dimensão maior, giram durante milhões de anos em torno de um núcleo central, que influencia as vidas das ilhas espaciais.

O corpo humano, igualmente, pode ser comparado a uma duplicata do universo. É um cosmo orgânico sob a direção do espírito.

Como a consciência divina está presente em toda a criação, preenchendo o universo com sua mente coordenadora e mantenedora, também o corpo humano reflete essa realidade. O espírito está presente em todo o organismo humano, coordenando os milhões de células, átomos e vidas microscópicas, que estão sob a tutela do espírito imortal no ambiente do corpo físico. Mas, assim como Deus não se confunde com o universo, também o espírito é distinto do corpo, transcendendo-o através de seus atributos.

A vida física, com as comunidades, o estilo social, a vida em família, as cidades e a própria tecnologia desenvolvida pela ciência de meus irmãos, é apenas uma cópia imprecisa de todo o sistema de vida extrafísica.

De grau em grau podemos estabelecer diversas comparações; contudo, podemos dizer apenas a respeito daquilo que sabemos. Falar que essa relação ocorre "em todos os âmbitos da criação" seria, de nossa parte, uma precipitação. Nosso conhecimento é limitadíssimo diante da grandeza do cosmos, que nos aguarda maiores progressos íntimos, a fim de termos condições de compreendê-lo.

15. O corpo físico do homem é um "computador bioenergético" perfeito. Os demais corpos, da realidade extrafísica, também o são?

A COMPARAÇÃO DO "computador bioenergético" ainda é deficiente quando se trata do holossoma — conjunto de corpos energéticos da alma. Naturalmente, os corpos espirituais e energéticos formam um complexo dinâmico de extrema sensibilidade. Refletem o pensamento e a intimidade do espírito no que concerne às emoções e aos sentimentos mais profundos. Contudo, temos que observar algo em relação ao duplo etérico, o único corpo energético e vital que não se presta à manifestação da consciência. Ele é um reservatório de fluido vital cujas propriedades e funções são muitíssimo diferentes das constatadas nos demais corpos classificados como superiores.

16. No livro* Serenidade,[5] *o espírito Alex Zarthú fala acerca da "desmaterialização" que se faz necessária na jornada de crescimento humano, em consonância com a ótica kardequiana. Porém, sabemos que é o mergulho na carne que promove a redenção do ser, ou seja, é materializando-se que se alcança a espiritualidade. Sendo assim, não é importante a integração com a matéria, extraindo-se dela, plenamente, as possibilidades evolutivas que oferece?

É BOM PRIMEIRAMENTE QUE meus irmãos reavaliem os conceitos de religiosidade e espiritualidade, a fim de compreender o processo de "redenção" ou de realização íntima.

O "mergulho na carne" evocado por meus irmãos é a necessidade de uma vida social com todos os percalços e satisfações que tal vida proporciona. Essa expressão também pode ser compreendida como o fato de ser necessário a todos os espíritos experienciarem o processo reencarnatório, sem o qual não há como consolidar os valores do espírito na evolução.

É natural, portanto, pensar que o contato com a vida física e a matéria estabeleça um conflito íntimo, pois,

[5] Cf. PINHEIRO, Robson. Pelo espírito Alex Zarthú. 5ª ed. rev. *Serenidade*: uma terapia para a alma. Contagem: Casa dos Espíritos, 1999, p. 68, cap. 16.

além de ter a proposta de intelectualizar a matéria e atuar no mundo físico, melhorando-o, o espírito também enfrenta a necessidade de superar a influência do meio e progredir intimamente. O ser precisa, sim, vivenciar as experiências sadias e boas que o ensaio no mundo proporciona. Todavia, precisa também superar a barbárie, as paixões próprias da fase animal, e não apenas intelectualizar a matéria, mas promover o progresso do mundo material, físico e social em que se situa. É igualmente tarefa do ser espiritualizar-se, bem como inspirar e promover a espiritualização do mundo.

A união do ser com o corpo físico e sua vivência na sociedade visam despertar as qualidades adormecidas em sua alma. Essa tarefa de despertamento lento e progressivo é, entretanto, classificada como conflito entre matéria e espírito.

De um lado, está o atavismo milenar, representado pelo corpo com suas limitações e sua influência sobre a consciência. É um corpo cujas necessidades fazem o homem semelhante aos seus irmãos, os animais. Contudo, o homem não é só o corpo. Mas, se em virtude da vida física, o ser se submete às paixões, aos desejos próprios da carne animalizada, dos impulsos inferiores, seu progresso estará comprometido. O conflito aparece em razão da necessidade do indivíduo de libertar-se desses impulsos atávicos e estabelecer a predominância do pensamento sobre as emoções, do espírito sobre a matéria. É esse conflito, aparente paradoxo, que faz com que o mundo material evolua, melhore-se cada vez mais. Não fosse isso e ainda hoje os homens talvez estivessem habitando as cavernas e se escondendo no interior das montanhas.

A natureza do espírito é espiritualidade. É impossível ao espírito envolver-se no mundo sem transformá-lo.

Inicialmente ele melhora as condições físicas à sua volta, intelectualiza-se, produz mais no campo do raciocínio. Faz mudanças sociais e, mais tarde, espiritualiza o mundo. Esse impulso ascendente e espiritualizante é que faz com que o homem vença a lei da gravidade e dê o seu próximo passo rumo às estrelas. Tudo isso ocorre dentro de um processo de conflito até que o mundo, mais espiritualizado, prossiga em outros patamares evolutivos.

17. "Tudo no universo caminha para a unidade." A partir dessa afirmativa, é correto pensar que o destino humano é unir os polos* yin *e* yang*? Há um exemplo prático de como seria a vida assim?

UNIDADE NÃO SIGNIFICA FUSÃO, mas união de conceitos, convivência harmoniosa. As características masculinas e femininas, ou *yin* e *yang*, positivo e negativo, serão sempre perceptíveis ao olhar pesquisador. Contudo, as diferenças marcantes serão cada vez mais suavizadas mediante a convivência e o entrosamento de tais caracteres representativos da fase dualista. No futuro, a humanidade estará mais apta a unir os dois polos sem os atuais conflitos hoje observados. O homem caminha para uma condição de unidade entre intelecto e emoção ou entre razão e sentimento, sem que oscile tanto entre os extremos. O ser feminino e masculino ao mesmo tempo será aquele que expressar em si mesmo, em sua fisionomia e em suas atitudes, a delicadeza dos traços e da personalidade *yin* e a firmeza característica da personalidade *yang*.

Jesus é, por isso mesmo, o modelo mais perfeito já apresentado à humanidade, pois conseguiu unir em si essas características, que, no homem atual, são conflitantes. Ao chamar a si as criancinhas e aconchegá-las ao seu regaço extravasava toda a plenitude da natureza maternal, feminina, *yin*. Ao derrubar a mesa no templo, expulsar os escribas e fariseus, condenando-os, o divino médico de nossas almas extravasava seu lado masculino, *yang*, determinado. Acima de tudo, o Mestre representou a união dos dois aspectos, dos opostos, na grande síntese a que todos aspiramos em nossa caminhada rumo ao amanhã.

18. O indivíduo que se apresenta na roupagem feminina, mas que revela fortes características* yang*, pode, durante sua reencarnação, trabalhar-se para promover o desenvolvimento dos aspectos* yin*? Ao final da vida, é possível que a característica* yin *predomine, em sua atuação e em sua vida de relacionamento?

NATURALMENTE, NO SER HUMANO, os dois aspectos se alternam, de acordo com o seu momento evolutivo. Mas é na juventude e na velhice, de um modo geral, que vemos os dois extremos de maneira mais intensa. Quando a velhice chega e as energias do corpo não mais representam o vigor de outrora — *yang* —, é natural que o ser humano se recolha mais, seja mais introspectivo, ou procure maior ponderação naquilo que faz. Isto é característica *yin*, feminina, passiva, que, pela própria natureza da vida humana, se alternará de acordo até mesmo com a saúde do indivíduo.

Contudo, apesar das variações ou oscilações entre

os polos positivo e negativo, masculino e feminino, o ser guarda certas características marcantes que o identificam. Existem indivíduos em idade avançada que são determinados, otimistas e empreendedores, características da natureza *yang*. Também há jovens que trazem expressos no semblante a depressão, o pessimismo, a apatia, aspectos negativos da natureza *yin*. De qualquer modo, independentemente da idade física, poderão alguns desenvolver uma certa harmonia em seu comportamento, refletindo uma conquista que se consolidará no futuro, em novas reencarnações.

Há algo que merece a reflexão de meus irmãos: tudo no mundo, por enquanto, é impermanente.

Referências bibliográficas

AZEVEDO, José Lacerda. *Espírito/matéria:* novos horizontes para a medicina. 8ª ed. rev. atual. Porto Alegre: Casa do Jardim, 2005.

DICIONÁRIO Houaiss eletrônico. Versão 3.0. Rio de Janeiro: Objetiva, 2009.

GONZÁLEZ-QUEVEDO, Oscar. *A face oculta da mente*. 19ª ed. São Paulo: Loyola, 2003.

GUIMARÃES, Carlos A. Fragoso. João Pessoa: Persona, 1996.

JEANS, James. *The New Background of Science*. Ann Arbor: University of Michigan Press, 1959.

KARDEC, Allan. *A gênese, os milagres e as predições segundo o espiritismo*. 1ª ed. esp. Rio de Janeiro: FEB, 2005.

______. *O livro dos espíritos*. 1ª ed. esp. Rio de Janeiro: FEB, 2005.

______. *O livro dos médiuns ou guia dos médiuns e dos evocadores*. 71ª ed. Rio de Janeiro: FEB, 2003.

______. *Obras póstumas*. 1ª ed. esp. Rio de Janeiro: FEB, 2005.

LESHAN, Lawrence. *O médium, o místico e o físico*. São Paulo: Summus, 1994.

PINHEIRO, Robson. Pelo espírito Alex Zarthú. 5ª ed. rev. *Serenidade*: uma terapia para a alma. Contagem: Casa dos Espíritos, 1999.

______. Pelo espírito Joseph Gleber. *Medicina da alma*. 2ª ed. 17ª reimpr. Contagem: Casa dos Espíritos, 2011.

UBALDI, Pietro. *As noúres*: técnica e recepção das correntes de pensamento. 4ª ed. Rio de Janeiro: Fundapu, 1988.

XAVIER, Francisco Cândido. Pelo espírito André Luiz. *Nosso lar*. 1ª ed. Rio de Janeiro: FEB, 1943.

_____. Pelo espírito André Luiz. *Obreiros da vida eterna*. 28ª ed. Rio de Janeiro: FEB, 2003.

INTERNET

www.medilexicon.com/medicaldictionary.php?t=43381. Acessado em 22/7/2011.

www.merriam-webster.com/medical/idiogenesis. Acessado em 22/7/2011.

http://en.wikipedia.org/wiki/Quantum_mechanics. Acessado em 4/10/2011.

+ publicações

Tambores de Angola | *Coleção Segredos de Aruanda, vol. 1*

edição revista e ampliada | A origem histórica da umbanda e do espiritismo | Robson Pinheiro *pelo espírito Ângelo Inácio*

O trabalho redentor dos espíritos – índios, negros, soldados, médicos – e de médiuns que enfrentam o mal com determinação e coragem. Nesta edição revista e ampliada, 17 anos e quase 200 mil exemplares depois, Ângelo Inácio revela os desdobramentos dessa história em três capítulos inéditos, que guardam novas surpresas àqueles que se deixaram tocar pelas curimbas e pelos cânticos dos pais-velhos e dos caboclos.

ISBN: 978-85-99818-36-7 • ROMANCE MEDIÚNICO • 2015 • 256 PÁGS. • BROCHURA • 16 X 23CM

Aruanda | *Coleção Segredos de Aruanda, vol. 2*

Um romance espírita sobre pais-velhos, elementais e caboclos

Robson Pinheiro *pelo espírito Ângelo Inácio*

Por que as figuras do negro e do indígena – pretos-velhos e caboclos –, tão presentes na história brasileira, incitam controvérsia no meio espírita e espiritualista? Compreenda os acontecimentos que deram origem à umbanda, sob a ótica espírita. Conheça a jornada de espíritos superiores para mostrar, acima de tudo, que há uma só bandeira: a do amor e da fraternidade.

ISBN: 978-85-99818-11-4 • ROMANCE MEDIÚNICO • 2004 • 245 PÁGS. • BROCHURA • 16 X 23CM

Corpo fechado | *Coleção Segredos de Aruanda, vol. 3*

Robson Pinheiro *pelo espírito W. Voltz, orientado pelo espírito Ângelo Inácio*

Reza forte, espada-de-são-jorge, mandingas e patuás. Onde está a linha divisória entre verdade e fantasia? Campos de força determinam a segurança energética. Ou será a postura íntima? Diante de tantas indagações, crenças e superstições, o espírito Pai João devassa o universo interior dos filhos que o procuram, apresentando casos que mostram incoerências na busca por proteção espiritual.

ISBN: 978-85-87781-34-5 • ROMANCE MEDIÚNICO • 2009 • 303 PÁGS. • BROCHURA • 16 X 23CM

Legião | *Trilogia O Reino das Sombras, vol. 1*

Um olhar sobre o reino das sombras

Robson Pinheiro *pelo espírito Ângelo Inácio*

Veja de perto as atividades dos representantes das trevas, visitando as regiões subcrustais na companhia do autor espiritual. Sob o comando dos dragões, espíritos milenares e voltados para o mal, magos negros desenvolvem sua atividade febril, organizando investidas contra as obras da humanidade. Saiba como os enfrentam esses e outros personagens reais e ativos no mundo astral.

ISBN: 978-85-99818-19-0 • ROMANCE MEDIÚNICO • 2006 • 502 PÁGS. • BROCHURA • 14 X 21CM

Senhores da escuridão | *Trilogia O Reino das Sombras, vol. 2*

Robson Pinheiro *pelo espírito Ângelo Inácio*

Das profundezas extrafísicas, surge um sistema de vida que se opõe às obras da civilização e à política do Cordeiro. Cientistas das sombras querem promover o caos social e ecológico para, em meio às guerras e à poluição, criar condições de os senhores da escuridão emergirem da subcrosta e conduzirem o destino das nações. Os guardiões têm de impedi-los, mas não sem antes investigar sua estratégia.

ISBN: 978-85-87781-31-4 • ROMANCE MEDIÚNICO • 2008 • 676 PÁGS. • BROCHURA • 14 X 21CM

A marca da besta | *Trilogia O Reino das Sombras, vol. 3*

Robson Pinheiro *pelo espírito Ângelo Inácio*

Se você tem coragem, olhe ao redor: chegaram os tempos do fim. Não o famigerado fim do mundo, mas o fim de um tempo – para os dragões, para o império da maldade. E o início de outro, para construir a fraternidade e a ética. Um romance, um testemunho de fé, que revela a força dos guardiões, emissários do Cordeiro que detêm a propagação do mal. Quer se juntar a esse exército? A batalha já começou.

ISBN: 978-85-99818-08-4 • ROMANCE MEDIÚNICO • 2010 • 640 PÁGS. • BROCHURA • 14 X 21CM

Além da matéria

Uma ponte entre ciência e espiritualidade

Robson Pinheiro *pelo espírito Joseph Gleber*

Exercitar a mente, alimentar a alma. *Além da matéria* é uma obra que une o conhecimento espírita à ciência contemporânea. Um tratado sobre a influência dos estados energéticos em seu bem-estar, que lhe trará maior entendimento sobre sua própria saúde. Físico nuclear e médico que viveu na Alemanha, o espírito Joseph Gleber apresenta mais uma fonte de autoconhecimento e reflexão.

ISBN: 978-85-99818-13-8 • SAÚDE E MEDIUNIDADE • 2003/2011 • 320 PÁGS. • BROCHURA • 16 X 23CM

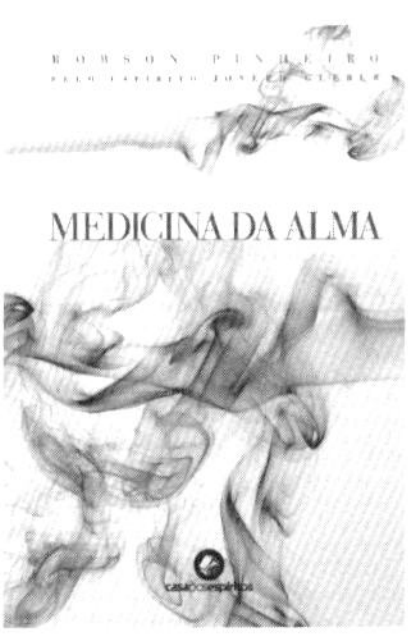

Medicina da alma

Saúde e medicina na visão espírita

Robson Pinheiro *pelo espírito Joseph Gleber*

Com a experiência de quem foi físico nuclear e médico, o espírito Joseph Gleber, desencarnado no Holocausto e hoje atuante no espiritismo brasileiro, disserta sobre a saúde segundo o paradigma holístico, enfocando o ser humano na sua integralidade. Edição revista e ampliada, totalmente em cores, com ilustrações inéditas, em comemoração aos 150 anos do espiritismo [1857-2007].

ISBN: 978-85-87781-25-3 • SAÚDE E MEDIUNIDADE • 1997 • 254 PÁGS. • CAPA DURA E EM CORES • 17 X 24CM

A alma da medicina

Robson Pinheiro *pelo espírito Joseph Gleber*

Com a autoridade de um físico nuclear que resolve aprender medicina apenas para se dedicar ao cuidado voluntário dos judeus pobres na Alemanha do conturbado período entre guerras, o espírito Joseph Gleber não deixa espaço para acomodação. Saúde e doença, vida e morte, compreensão e exigência, sensibilidade e firmeza são experiências humanas cujo significado clama por revisão.

ISBN: 978-85-99818-32-9 • SAÚDE E MEDIUNIDADE • 2014 • 416 PÁGS. • BROCHURA • 16 X 23CM

Consciência

Em mediunidade, você precisa saber o que está fazendo

Robson Pinheiro *pelo espírito Joseph Gleber*

Já pensou entrevistar um espírito a fim de saciar a sede de conhecimento sobre mediunidade? Nós pensamos. Mais do que saciar, Joseph Gleber instiga ao tratar de materialização, corpo mental, obsessões complexas e apometria, além de animismo – a influência da alma do médium na comunicação –, que é dos grandes tabus da atualidade.

ISBN: 978-85-99818-06-0 • SAÚDE E MEDIUNIDADE • 2007 • 288 PÁGS. • BROCHURA • 16 X 23CM

Energia

Novas dimensões da bioenergética humana

Robson Pinheiro *sob orientação dos espíritos Joseph Gleber, André Luiz e José Grosso*

Numa linguagem clara e direta, o médium Robson Pinheiro faz uso de sua experiência de mais de 25 anos como terapeuta holístico para ampliar a visão acerca da saúde plena, necessariamente associada ao conhecimento da realidade energética. Anexo com exercícios práticos de revitalização energética, ilustrados passo a passo.

ISBN: 978-85-99818-02-2 • SAÚDE E MEDIUNIDADE • 2008 • 238 PÁGS. • BROCHURA • 16 X 23CM

Apocalipse

Uma interpretação espírita das profecias

Robson Pinheiro *pelo espírito Estêvão*

O livro profético como você nunca viu. O significado das profecias contidas no livro mais temido e incompreendido do Novo Testamento, analisado de acordo com a ótica otimista que as lentes da doutrina espírita proporcionam. O autor desconstrói as imagens atemorizantes das metáforas bíblicas e as decodifica.

ISBN: 978-85-87781-16-1 • JESUS E O EVANGELHO • 1997 • 272 PÁGS. • BROCHURA • 16 X 23CM

A força eterna do amor
Robson Pinheiro *pelo espírito Teresa de Calcutá*

"O senhor não daria banho em um leproso nem por um milhão de dólares? Eu também não. Só por amor se pode dar banho em um leproso". Cidadã do mundo, grande missionária, Nobel da Paz, figura inspiradora e controvertida. Desconcertante, veraz, emocionante: esta é Teresa. Se você a conhece, vai gostar de saber o que pensa; se ainda não, prepare-se, pois vai se apaixonar. Pela vida.

ISBN: 978-85-87781-38-3 • AUTOCONHECIMENTO • 2009 • 318 PÁGS. • BROCHURA • 16 X 23CM

Pelas ruas de calcutá
Robson Pinheiro *pelo espírito Teresa de Calcutá*

"Não são palavras delicadas nem, tampouco, a repetição daquilo que você deseja ouvir. Falo para incomodar". E é assim, presumindo inteligência no leitor, mas também acomodação, que Teresa retoma o jeito contundente e controvertido e não poupa a prática cristã de ninguém, nem a dela. Duvido que você possa terminar a leitura de *Pelas ruas de Calcutá* e permanecer o mesmo.

ISBN: 978-85-99818-23-7 • AUTOCONHECIMENTO • 2012 • 368 PÁGS. • BROCHURA • 16 X 23CM

Mulheres do Evangelho
e outros personagens transformados pelo encontro com Jesus
Robson Pinheiro *pelo espírito Estêvão*

A saga daqueles que tiveram suas vidas transformadas pelo encontro com Jesus, contadas por quem viveu na Judeia dos tempos do Mestre. O espírito Estêvão revela detalhes de diversas histórias do Evangelho, narrando o antes, o depois e o que mais o texto bíblico omitiu a respeito da vida de personagens que cruzaram os caminhos do Rabi da Galileia.

ISBN: 978-85-87781-17-8 • JESUS E O EVANGELHO • 2005 • 208 PÁGS. • BROCHURA • 14 X 21CM

Negro
Robson Pinheiro *pelo espírito Pai João de Aruanda*

A mesma palavra para duas realidades diferentes. Negro. De um lado, a escuridão, a negação da luz e até o estigma racial. De outro, o gingado, o saber de um povo, a riqueza de uma cultura e a história de uma gente. Em Pai João, a sabedoria é negra, porque nascida do cativeiro; a alma é negra, porque humana – mistura de bem e mal. As palavras e as lições de um negro-velho, em branco e preto.

ISBN: 978-85-99818-14-5 • AUTOCONHECIMENTO • 2011 • 256 PÁGS. • CAPA DURA • 16 X 23CM

Sabedoria de preto-velho
Reflexões para a libertação da consciência
Robson Pinheiro *pelo espírito Pai João de Aruanda*

Ainda se escutam os tambores ecoando em sua alma; ainda se notam as marcas das correntes em seus punhos. Sinais de sabedoria de quem soube aproveitar as lições do cativeiro e elevar-se nas asas da fé e da esperança. Pensamentos, estórias, cantigas e conselhos na palavra simples de um pai-velho. Experimente sabedoria, experimente Pai João de Aruanda.

ISBN: 978-85-99818-05-3 • AUTOCONHECIMENTO • 2003 • 187 PÁGS. • BROCHURA COM ACABAMENTO EM ACETATO • 16 X 23CM

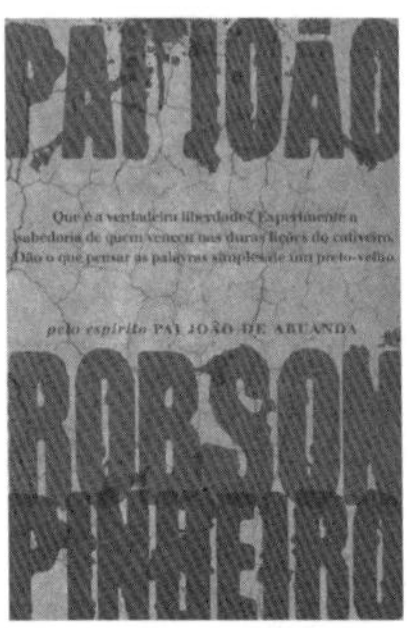

Pai João
Libertação do cativeiro da alma
Robson Pinheiro *pelo espírito Pai João de Aruanda*

Estamos preparados para abraçar o diferente? Qual a sua disposição real para escolher a companhia daquele que não comunga os mesmos ideais que você e com ele desenvolver uma relação proveitosa e pacífica? Se sente a necessidade de empreender tais mudanças, matricule-se na escola de Pai João. E venha aprender a verdadeira fraternidade. Dão o que pensar as palavras simples de um preto-velho.

ISBN: 978-85-87781-37-6 • AUTOCONHECIMENTO • 2005 • 256 PÁGS. • BROCHURA COM CAIXA • 16 X 23CM

Quietude
Robson Pinheiro *pelo espírito Alex Zarthú*

Faça as pazes com as próprias emoções.
Com essa proposta ao mesmo tempo tão singela e tão abrangente, Zarthú convida à quietude. Lutar com os fantasmas da alma não é tarefa simples, mas as armas a que nos orienta a recorrer são eficazes. Que tal fazer as pazes com a luta e aquietar-se?

ISBN: 978-85-99818-31-2 • AUTOCONHECIMENTO • 2014 • 192 PÁGS. • CAPA FLEXÍVEL • 17 x 24CM

Serenidade
Robson Pinheiro *pelo espírito Alex Zarthú*

Já se disse que a elevação de um espírito se percebe no pouco que fala e no quanto diz. Se é assim, Zarthú é capaz de pôr em xeque nossa visão de mundo sem confrontá-la; consegue despertar a reflexão e a mudança em poucos e leves parágrafos, em uma ou duas páginas. Venha conquistar a serenidade.

ISBN: 978-85-99818-27-5 • AUTOCONHECIMENTO • 1999/2013 • 176 PÁGS. • BROCHURA • 17 x 24CM

Superando os desafios íntimos
A necessidade de transformação interior
Robson Pinheiro *pelo espírito Alex Zarthú*

No corre-corre das cidades, a angústia e a ansiedade tornaram-se tão comuns que parecem normais, como se fossem parte da vida humana na era da informação; quem sabe um preço a pagar pelas comodidades que os antigos não tinham? A serenidade e o equilíbrio das emoções são artigos de luxo, que pertencem ao passado. Essa é a realidade que temos de engolir? É hora de superar desafios íntimos.

ISBN: 978-85-87781-24-6 • AUTOCONHECIMENTO • 2000 • 200 PÁGS. • BROCHURA COM SOBRECAPA EM PAPEL VEGETAL COLORIDO • 14 X 21CM

CIDADE DOS ESPÍRITOS | *Trilogia Os Filhos da Luz, vol.1*
ROBSON PINHEIRO *pelo espírito Ângelo Inácio*

Onde habitam os Imortais, em que mundo vivem os guardiões da humanidade? É um sonho? Uma miragem? Não! É Aruanda, a cidade dos espíritos, onde orientadores evolutivos do mundo vivem, trabalham e, de lá, partem para amparar, socorrer, influenciando os destinos dos homens muito mais do que estes imaginam.

ISBN: 978-85-99818-25-1 • ROMANCE MEDIÚNICO • 2013 • 460 PÁGS. • BROCHURA • 16 X 23CM

OS GUARDIÕES | *Trilogia Os Filhos da Luz, vol.2*
ROBSON PINHEIRO *pelo espírito Ângelo Inácio*

Se a justiça é a força que impede a propagação do mal, há de ter seus agentes. Quem são os guardiões? A quem é confiada a responsabilidade de representar a ordem e a disciplina, de batalhar pela paz? Cidades espirituais tornam-se escolas que preparam cidadãos espirituais. Os umbrais se esvaziam; decretou-se o fim da escuridão. E você, como porá em prática sua convicção em dias melhores?

ISBN: 978-85-99818-28-2 • ROMANCE MEDIÚNICO • 2013 • 474 PÁGS. • BROCHURA • 16 X 23CM

OS IMORTAIS | *Trilogia Os Filhos da Luz, vol.3*
ROBSON PINHEIRO *pelo espírito Ângelo Inácio*

Os espíritos nada mais são que as almas dos homens que já morreram. Os Imortais ou espíritos superiores também já tiveram seus dias sobre a Terra, e a maioria deles ainda os terá. Portanto, são como irmãos maisvelhos, gente mais experiente, que desenvolveu mais sabedoria, sem deixar, por isso, de ser humana. Por que haveria, então, entre os espiritualistas tanta dificuldade em admitir esse lado humano? Por que a insistência em ver tais espíritos apenas como seres de luz, intocáveis, venerandos, angélicos, até, completamente descolados da realidade humana?

ISBN: 978-85-99818-29-9 • ROMANCE MEDIÚNICO • 2013 • 443 PÁGS. • BROCHURA • 16 X 23CM

Encontro com a vida

Robson Pinheiro *pelo espírito Ângelo Inácio*

"Todo erro, toda fuga é também uma procura." Apaixone-se por Joana, a personagem que percorre um caminho tortuoso na busca por si mesma. E quem disse que não há uma nova chance à espreita, à espera do primeiro passo? Uma narrativa de esperança e fé — fé no ser humano, fé na vida. Do fundo do poço, em meio à venda do próprio corpo e à dependência química, ressurge Joana. Fé, romance, ajuda do Além e muita perseverança são os ingredientes dessa jornada. Emocione-se... Encontre-se com Joana, com a vida.

ISBN: 978-85-99818-30-5 • ROMANCE MEDIÚNICO • 2001/2014 • 304 PÁGS. • BROCHURA • 16 X 23CM

Canção da esperança

a transformação de um jovem que viveu com aids

Robson Pinheiro *pelo espírito Franklim*

Contém entrevista e canções com o espírito Cazuza.

O diagnóstico: soropositivo. A aids que se instala, antes do coquetel e quando o preconceito estava no auge. A chegada ao plano espiritual e as descobertas da vida que prossegue. Conheça a transformação de um jovem que fez da dor, aprendizado; do obstáculo, superação. Uma trajetória cheia de coragem, que é uma lição comovente e um jato de ânimo em todos nós. Prefácio pelas mãos de Chico Xavier.

ISBN: 978-85-99818-33-6 • ROMANCE MEDIÚNICO • 1995/2002/2014 • 320 PÁGS. • BROCHURA • 16 x 23CM

Faz parte do meu show

A trajetória de um artista em busca de si mesmo

Robson Pinheiro *orientado pelo espírito Ângelo Inácio*

Um livro que fala de coragem, de arte, de música da alma, da alma do rock e do rock das almas. Deixe-se encantar por quem encantou multidões. Rebeldia somada a sexo, drogas e muito *rock'n'roll* identificam as pegadas de um artista que curtiu a vida do seu jeito: como podia e como sabia. Orientado pelo autor de *A marca da besta.*

ISBN: 978-85-99818-07-7 • ROMANCE MEDIÚNICO • 2004/2010 • 181 PÁGS. • BROCHURA • 14 X 21CM

O FIM DA ESCURIDÃO | *Série Crônicas da Terra, vol.1*
REURBANIZAÇÕES EXTRAFÍSICAS
ROBSON PINHEIRO *pelo espírito Ângelo Inácio*

Os espíritos milenares que se opõem à política divina do Cordeiro – do *amai-vos uns aos outros* – enfrentam neste exato momento o fim de seu tempo na Terra. É o sinal de que o juízo se aproxima, com o desterro daquelas almas que não querem trabalhar por um mundo baseado na ética, no respeito e na fraternidade.

ISBN: 978-85-99818-21-3 • ROMANCE MEDIÚNICO • 2012 • 400 PÁGS. • BROCHURA • 16 X 23CM

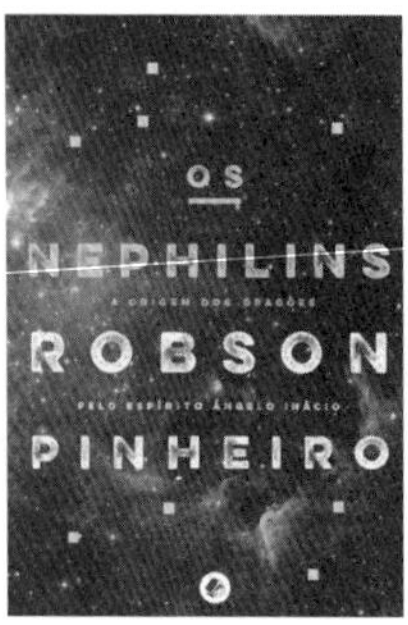

OS NEPHILINS | *Série Crônicas da Terra, vol.2*
A ORIGEM DOS DRAGÕES
ROBSON PINHEIRO *pelo espírito Ângelo Inácio*

Receberam os humanoides a contribuição de astronautas exilados em nossa mocidade planetária, como alegam alguns pesquisadores? Podem não ser Enki e Enlil apenas deuses sumérios, mas personagens históricos? Desse universo em que fatalmente se entrelaçam ficção e realidade, mito e fantasia, ciência e filosofia, emerge uma história que mergulha nos grandes mistérios.

ISBN: 978-85-99818-34-3 • ROMANCE MEDIÚNICO • 2014 • 480 PÁGS. • BROCHURA • 16 X 23CM

O AGÊNERE | *Série Crônicas da Terra, vol.3*
ROBSON PINHEIRO *pelo espírito Ângelo Inácio*

Há uma grande batalha em curso. Sabemos que não será sem esforço o parto da nova Terra, da humanidade mais ciente de suas responsabilidades, da bíblica Jerusalém. A grande pergunta: com quantos soldados e guardiões do eterno bem podem contar os espíritos do Senhor, que defendem os valores e as obras da civilização?

ISBN: 978-85-99818-35-0 • ROMANCE MEDIÚNICO • 2015 • 384 PÁGS. • BROCHURA • 16 X 23CM

OS ABDUZIDOS | *Série Crônicas da Terra, vol. 4*
ROBSON PINHEIRO *pelo espírito Ângelo Inácio*

A vida extraterrestre provoca um misto de fascínio e temor. Sugere explicações a avanços impressionantes, mas também é fonte de ameaças concretas. Em paralelo, Jesus e a abdução de seus emissários próximos, todos concorrendo para criar uma só civilização: a humanidade.

ISBN: 978-85-99818-37-4 • ROMANCE MEDIÚNICO • 2015 • 464 PÁGS. • BROCHURA • 16 X 23CM

VOCÊ COM VOCÊ
MARCOS LEÃO *pelo espírito Calunga*

Palavras dinâmicas, que orientam sem pressionar, que incitam à mudança sem engessar nem condenar, que iluminam sem cegar. Deixam o gosto de uma boa conversa entre amigos, um bate-papo recheado de humor e cheiro de coisa nova no ar. Calunga é sinônimo de irreverência, originalidade e descontração.

ISBN: 978-85-99818-20-6 • AUTOAJUDA • 2011 • 176 PÁGS. • CAPA FLEXÍVEL • 16 X 23CM

TRILOGIA O REINO DAS SOMBRAS | *Edição definitiva*
ROBSON PINHEIRO *pelo espírito Ângelo Inácio*

As sombras exercem certo fascínio, retratado no universo da ficção pela beleza e juventude eterna dos vampiros, por exemplo. Mas e na vida real? Conheça a saga dos guardiões, agentes da justiça que representam a administração planetária. Edição de luxo acondicionada em lata especial. Acompanha entrevista com Robson Pinheiro, em cd inédito, sobre a trilogia que já vendeu 200 mil exemplares.

ISBN: 978-85-99818-15-2 • ROMANCE MEDIÚNICO • 2011 • LATA COM ***LEGIÃO, SENHORES DA ESCURIDÃO, A MARCA DA BESTA*** **E CD CONTENDO ENTREVISTA COM O AUTOR**

Responsabilidade Social

A Casa dos Espíritos nasceu, na verdade, como um braço da Sociedade Espírita Everilda Batista, instituição beneficente situada em Contagem, MG. Alicerçada nos fundamentos da doutrina espírita, expostos nos livros de Allan Kardec, a Casa de Everilda sempre teve seu foco na divulgação das ideias espíritas, apresentando-as como caminho para libertar a consciência e promover o ser humano. Romper preconceitos e tabus, renovando e transformando a visão da vida: eis a missão que a cumpre com cursos de estudo do espiritismo, palestras, tratamentos espirituais e diversas atividades, todas gratuitas e voltadas para o amparo da comunidade. Eis também os princípios que definem a linha editorial da Casa dos Espíritos. É por isso que, para nós, responsabilidade social não é uma iniciativa isolada, mas um compromisso crucial, que está no DNA da empresa. Hoje, ambas instituições integram, juntamente com a Clínica Holística Joseph Gleber e a Aruanda de Pai João, o projeto denominado Universidade do Espírito de Minas Gerais — UniSpiritus —, voltado para a educação em bases espirituais *[www.everildabatista.org.br]*.

Quem enfrentará o mal
a fim de que a justiça prevaleça?
Os guardiões superiores
estão recrutando agentes.

COLEGIADO DE GUARDIÕES DA HUMANIDADE

por Robson Pinheiro

FUNDADO PELO MÉDIUM, terapeuta e escritor espírita Robson Pinheiro no ano de 2011, o Colegiado de Guardiões da Humanidade é uma iniciativa do espírito Jamar, guardião planetário.

Com grupos atuantes em mais de 14 países, o Colegiado é uma instituição sem fins lucrativos, de caráter humanitário e sem vínculo político ou religioso, cujo objetivo é formar agentes capazes de colaborar com os espíritos que zelam pela justiça em nível planetário, tendo em vista a reurbanização extrafísica por que passa a Terra.

Conheça o Colegiado de Guardiões da Humanidade. Se quer servir mais e melhor à justiça, venha estudar e se preparar conosco.

PAZ, JUSTIÇA E FRATERNIDADE

www.guardioesdahumanidade.org